南阳丝路文化研究

魏静思 著

WUHAN UNIVERSITY PRESS
武汉大学出版社

图书在版编目(CIP)数据

南阳丝路文化研究/魏静思著.—武汉:武汉大学出版社,2019.8
ISBN 978-7-307-20961-9

Ⅰ.南…　Ⅱ.魏…　Ⅲ.丝绸之路—文化史—研究—南阳
Ⅳ.K296.13

中国版本图书馆 CIP 数据核字(2019)第 100120 号

责任编辑:白绍华　　　责任校对:汪欣怡　　　版式设计:马　佳

出版发行:**武汉大学出版社**　(430072　武昌　珞珈山)
　　　　(电子邮箱:cbs22@whu.edu.cn　网址:www.wdp.com.cn)
印刷:北京虎彩文化传播有限公司
开本:720×1000　1/16　印张:9.75　字数:134 千字　插页:1
版次:2019 年 8 月第 1 版　　2019 年 8 月第 1 次印刷
ISBN 978-7-307-20961-9　　　定价:49.00 元

目　　录

绪　论

河南省南阳盆地有很多丝绸之路的遗迹、遗物、遗俗等，本书把它们放在传媒视角下，利用个案精解、群案论证和图文列举等方法进行深入研究，会更有利于广泛传播、扩大其影响。

2000多年前，张骞受命出使西域"凿空"横贯东西、连接亚欧的丝绸之路，被汉武帝封为博望（南阳境内）侯；霍去病击败匈奴，勇冠三军，被封为冠军（南阳境内）侯；为汉王朝外交、国防做出卓越贡献的南阳宛人、冶铁专家孔仅擢升为大司农。东汉时，帝乡南阳与帝都洛阳并列为全国最大的商贸城市、旅游城市，并留下了一大批古城遗址、古冶铁遗址、古墓葬以及与"丝路"相关的汉代画像石、砖，因此，南阳成为"丝路"沿线城市群中仅次于长安、洛阳的最重要的"节点"城市。

南阳出土的汉画像石、汉画像砖、汉陶等文物中，很多带着西域文明的元素，我们从这些西域文明中深切体会到中华文明正是由于同其他文明的不断交流，保持活力，蓬勃发展，生生不息。这也是中华文明得以连绵不断、延续至今的重要原因之一。

汉画像石"大使车"是中原文明和西域文明交流融合的产物，是两大文明共同进步发展的见证，是汉代丝绸之路开通的象征。南阳汉代画像石刻艺术，形象地再现了汉时胡人无论其职业、身份，作为进入中原后的社会成员，对当时胡汉民族的交融及社会发展，都具有重大的贡献。

南阳出土了大量古和田玉，它们都是从玉石之路而来；西域也出土了大量的南阳独玉，它们是沿玉石之路而去。南阳的史前文明，应该是从独玉开始的。南阳出土的和田玉，足以见证南阳当年丝路文化的繁盛。

南阳，古称申、宛，是亚欧"丝路"沿线城市群中最古老的城市之一。中原的丝绸古道起点，是西安或洛阳，这是史学家普遍认同的观点。但是，我们通过探索研究发现，南阳有可能延长了西汉丝绸之路的起点。也就是说这条路从伏牛山的宛城起始，一直通到费尔干纳的大宛国。因此，我们推断，南阳别名"宛"，应该是丝路行旅们对南阳人文地理特点的共同指认。

南阳地处中原腹地，是历史上古丝绸之路的重要源头之一，万里茶马古道的重要水陆中转节点，为古丝绸之路的繁荣发展做出过积极贡献。为此，做更深入的研究，不仅有深远的历史意义，更有重大的现实意义。但是，如何把南阳在丝绸之路上的重要地位凸显出来，不仅需要对史料的深度挖掘和研究，还需要好好了解当下的媒体属性，用当下民众喜闻乐见的叙述方式把南阳在丝绸之路上的重要意义给传播出去。

新时代提出了新要求，在传播领域，习近平总书记在十九大报告中指出要"推进国际传播能力建设，讲好中国故事，展现真实、立体、全面的中国，提高国家文化软实力"。这一论述站在全球传播的高度，立足于中国的现实和实践，为新时期国际传播能力建设勾画了清晰的蓝图。所以，讲好中国故事，是近几年在对外传播中不断践行的追求。在当今社会，传播渠道的丰富使得人们每天面对大量庞杂的信息，而在传播学的框架下，冗余信息会成为信息传播过程中的噪音，对传播效果起到干扰作用。因而精彩的中国故事也要不断地推陈出新，且"新"要广泛地体现在多个方面，包括新内容、新方式、新思维。

第一，在表达形式上，吸收融汇新概念、新表述。好故事还需要好的讲述方式，需要更加着力打造融通中外的新概念、新范畴、新表述，完善让大面积受众特别是年轻受众听得进、听得懂且能够产生共鸣的话语体系，例如在本书第三章中对南阳丝路上的风物进行罗列图解，增强了照片、图示等多种表达形式的综合运用。

第二，在表达内容上，以生动鲜活的题材和视觉效果提升吸引力。情感的共鸣和视觉符号的传达往往不分国界且能轻易触动人。我们可以用讲好中国故事来带动历史文风的转变，在本书第二章对汉画个案的精解中，便以生动活泼的鲜活事例、打动人心的情节和细节表达观点甚至观念，加强视觉符号的运用和传达。

第三，在表达思路上，运用互联网思维讲好中国故事。互联网思维是指在互联网时代的一种思考方式，其特征是基于大数据分析、跨界思维、用户至上、体验为王、颠覆式创新等，而这些同样适用于对外传播。对外传播具备全球化视角还要尊重个体差异，充分考虑国外受众的需求和语境，使"中国故事"既保留"本土化"味道，又能运用跨文化传播技巧。

所以，通过对大量出土文物的考证，大量查阅文献材料，图文并茂地运用新的叙述方式为南阳在古丝绸之路上进行重新定位，南阳作为"丝路"上的枢纽站，其作用不可低估。发掘南阳的西域文化遗存，不但可以使我们了解古丝绸之路的更多事实，也可以此为契机增强我们对中原文化的自信和自豪，也有助于在新的丝绸之路建设中，发现更多的切入点和机遇。

第一章 汉代南阳在丝路中的地位和作用

南阳自古以来就有连南贯北、承东启西的作用，是古代重要的交通枢纽和军事要地，《路史》中描述贯穿南阳的"夏路"，是与西方诸国交往的重要通道。

丝绸之路，简称"丝路"。它肇始于夏商，繁盛于两汉。有草原之路、绿洲之路和海洋之路之分。南阳郡是汉朝全国第一大郡，草原之路和绿洲之路交汇于南阳，是中国第一大丝路枢纽，是各路商品集散地，是丝绸之路上的明珠，光彩照人。

距今 4000 多年前，西亚地区的苜蓿、菠菜、葡萄、西瓜、安石榴、胡椒、黄牛、胡羊等物种相继传入南阳，南阳生产的丝绸和南方汇集来的茶叶经过丝绸之路运至西域，民间商贸交往相当频繁。

西汉时，南阳的博望侯张骞凿通西域和南越，开启了大汉王朝与域外交流的新时代，对于促进丝绸之路沿线国家和地区的政治、经济、文化的发展，发挥了极为重要的作用。"古道照人"是南阳的博望人为纪念张骞的丰功伟绩所立的石牌。

两汉的南阳郡，商贾遍地，繁荣昌盛。随着东西方文化的触角穿过高山大漠相互感知，南阳成了西域、南越商人争相涉足的地方。公元前128 年，张骞以国家行为出使西域，发现西方早已使用南阳的丝绸、漆器、铁器以及劲弩等。张骞向西打通丝路至罗马，向西南打通丝路至印度，南阳就是这两条路的交汇点。因此有更多的西域人、南越人、羌人生活在南阳，他们汇集丝绸、茶叶，以及其他民用、军用物品，运回自己的故地；再把他们自己的物产和文化带到南阳，使南阳农牧物种更加丰富，文化形态更加丰满。

对祥瑞的追求，人类是相同的。

羌族人带来他们的图腾"羊"，刻入汉画，雕成守门神，南阳人把它的吉祥寓意发扬光大。南阳汉画中还出现了来自印度的佛教故事、佛像，以及佛教吉祥物"大象""狮子"等。据《后汉书·章帝纪》记载，章和元年（87 年），月支人将活狮子输入我国，南阳人更加推崇，视为辟邪神兽。西域人还带来宝马和马术，汉画中的车骑出行图是具体反映。南阳出土不少胡俑、胡人形象的汉画像石、汉画像砖以及西域粟特人所用的纳骨器，还有他们使用的角握瓶和随身挂件等。

南阳理工学院老操场曾考古发现上下四层的古墓，最下层是春秋时期的楚墓，上面是汉墓，再上面是宋墓，最上面是清代墓葬，陪葬品各有其时代特征。汉墓中的陶狗"藏獒"，现存河南省博物院，为其镇院之宝。南阳理工学院还发掘出另一汉墓，出土了绿色玻璃杯子，是标准的罗马吹制玻璃器具，现存南阳市文物研究所。

这些遗物遗迹，让我们感受到外域文化与南阳文化碰撞交融的魅力，正是这种南北东西交流碰撞，才隆起了南阳文化的高度，才使南阳的吉祥文化更加突出。

南阳当年在"丝路"中的地位和作用超出今人的想象。

西汉武帝时以中国长安为始发点，向亚洲中部、西部及非洲、欧洲等地运送丝绸等物的交通道路，被称为"丝绸之路"。19 世纪德国地理学家李·希霍芬最初使用该称谓时，只指从中原地区，经今新疆而抵中亚的陆上交通；后来，所指范围逐步扩大，最终达于亚、欧、非三洲，并包括陆、海两方面的交通路线。

"丝路"中的陆路，现代的经济界不仅用以指称联结整个古代世界的交通道路，同时成为古代东、西方之间经济、文化交流的代名词。那么南阳作为"丝路"上的枢纽站，其作用不可低估。南阳的地理位置和历史地位，南阳当时的经济、文化以及与南阳有关的人物，都为南阳在

"丝路"中的辉煌，起到了关键作用。

第一节　历史位置优越

南阳古称"申""宛"，距今已有 2800 余年有文字可考的历史。它与古希腊雅典同期，早于意大利古罗马约 29 至 74 年。

南阳历史悠久，早在原始社会原始群阶段，中国猿人"南召人"就生活于伏牛山南麓、白河上游一带，与北京山顶洞人同期，从而成为中原地区最早的人类。夏、商、周三代以降，南阳或为夏王朝的版图，或为殷商的南土，或为西周的南国。西周宣王(公元前 827—公元前 782)在位时，由丹阳(今南阳淅川丹江水库一带)走向江汉的楚国日益强大，为了遏制楚国的北侵，宣王(姬静)约于公元前 827 年封其舅申伯于谢。《诗经·大雅·崧高》说："亹亹申伯，王缵之事。于邑于谢，南国是式。天命召伯，定申伯之宅。""申伯之功，召伯是营。有俶其城，寝庙既成。""邑"，泛指一般城市，"亦国也"；"宅"，居住房屋；"俶"，厚貌；"城"，古时在都邑四周用作防御的墙垣，一般有两重。《管子·度地》说："内为之城，城外为之郭。"亦指修筑城墙。召伯在谢地为申伯修筑的申城，就是宛城，即现在的南阳市旧城。

关于"宛"之名，据《左传·昭王十三年(前 529)》记载："楚之灭也，灵王(公元前 540—公元前 529)迁许、胡、沈、道、房、申于荆焉。"之后，"申"便消失于典籍之中。楚平王(公元前 528—公元前 516)在位时，《吴越春秋》出现了"文种为宛令"之记载。由此可知"宛"之名，形成于公元前 529 年至前 516 年的春秋晚期。

春秋时期，是天下诸侯大规模筑城的第一个高潮时期。据《南阳地方志》记载：楚国为了进攻和防御的双重需要，利用军队和邑人加固了宛城内城(今南阳市旧城)，同时，拓展了南阳现在的酒精厂以东、防爆电机厂以北的外域，即郭城。至汉代，南阳盆地的宛城已成为一座"周三十六里"的国际大都市，它小于西汉都城长安二十七里，大于东

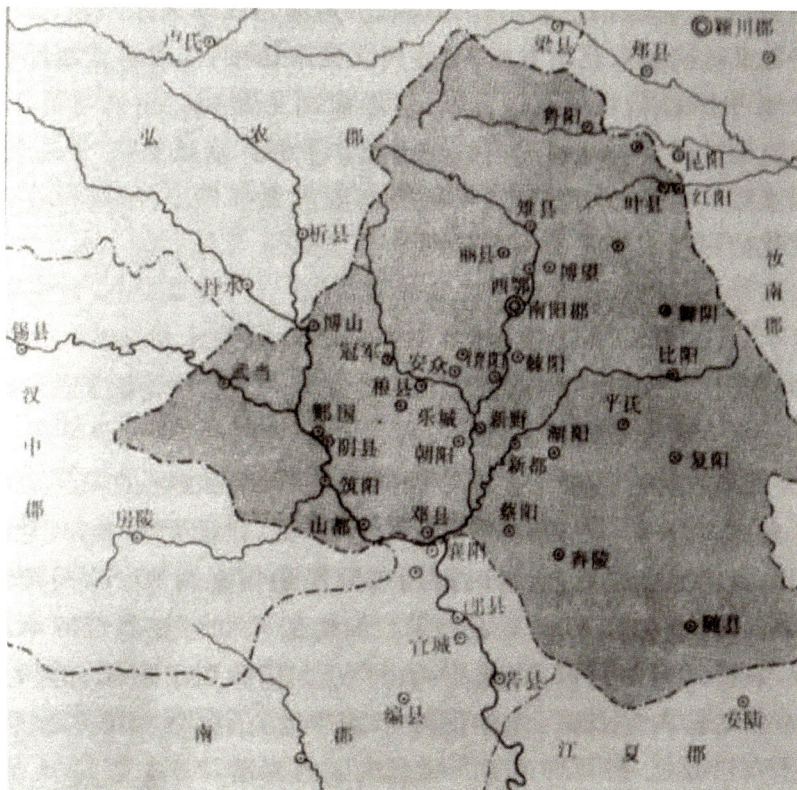

西汉南阳郡地图

汉都城洛阳约五里。

　　南阳交通便利，地处南北之交，春秋战国时期即为楚秦间与中原各国的交通枢纽，既为南北交通咽喉，又是西北向东南的必由之路。

　　陆路交通线主要有：一是鲁关道。自南阳至洛阳，即由宛沿今□子河谷北行，穿过伏牛山，经鲁关(鲁山县南)，出方城，北达洛阳地区；二是武关道，自湖北宜昌城起，经南阳西行，过武关、商洛至西安或咸阳；三是夏路，或称方城路，由南阳盆地东出今方城、叶县间的伏牛山隘口，达到豫中平原，由方城经宛南行可至郢(湖北江陵)，这里向北可达韩魏，向东北经陈蔡达于齐，即所谓"楚适诸夏"；四是南阳出夏路向东南经汝颍下游平原的冨焚、平舆、繁阳、沈、胡、居巢等地，到达淮河南北一带，这就是南阳"东南受江淮"的陆路线。

南阳还是长江水系深入中原腹地最远的地区，水运航程为中国古代南北天然水运航线最长最盛。《长水集》下集记述：南阳水路交通线主要有四条：一是淯水（白河），战国时期，楚王的船可逆河而上，经汉水，入溧河，越过"夏路"进入鸭河。即白河的行船可至今南召县境内。湍河是白河支流，自邓州市至新野可通航进入白河；二是唐河，上段称堵水，下段称沘水、泌河，汉代自方城以下皆可通航进入汉水；三是丹水，又称淅水，逆流而上可达陕西商县；四是淮水，发源于桐柏山，距宛较远，但淮水的支流汝河和甘江河达到方城附近，而堵水（潘河）、沘水（泌河）是汉江的支流，长江流域的货物可经郢（湖北）地或由汉水上溯到宛，也可经沘水运到宛东北的方城，再往西北关中运输，而淮水流域的货物也可由汝河水、甘江河水运到方城，再经唐河运到宛。由此可见，渭水流域的关中是通过宛与江淮流域联系的。这就是宛"受江淮"的水路。发达的水陆交通不仅为商业发展提供了条件，而且为文化的传播和交流提供了便利。

第二节 冶铁工业发达

西汉时，南阳郡治"宛"，不仅为"西通武关，东西受江、汉、淮"的"都会"城市，而且是"丝路"沿线城市群中最为发达的"工业城市"。

司马迁在《史记·货殖列传》一文中指出："南阳西通武关、郧关，东南受汉、江、淮。宛亦一都会也。""货殖"，即经商，囤积财物以营利，亦指经商的人。意思是说：早在丝绸之路开通之前，南阳就是个交通大郡。西北，它可达西汉都城长安；东南，它如同今日 312 国道，可联结江汉、淮河以及广大丝绸产地及产粮地区，所以战略地位十分重要。尤其是郡治宛是一座冶铁业相当发达、冶铁技术尤为先进、铁制品特别丰富、大小商贾极为看好的冶铁"工业城市"。

　　南阳境内有丰富的铁矿资源。据《南阳地区志》记载，铁矿主要分布于今南召、西峡、内乡、淅川等县。现有矿产地 64 处，存有矿石储量 1075 万吨。历史上南阳境内的铁矿储量是极为丰富的。

　　南阳宛城有悠久的冶铁历史。南阳用铁的历史最早可追溯到春秋晚期淅川下寺出土的、距今已有约二千五百余年历史的玉茎铁匕首。这一匕首虽然产地不明，但因出土于楚国境内，大多认为是楚国北方军事重镇(南阳)宛县制品。战国时期，楚国第二大城市宛已成为天下著名的冶铁中心。《荀子·议兵》篇说："宛钜铁钝，惨如蜂虿。"《史记·礼书》也记载："宛之钜铁。"钜，即刚硬的铁。裴骃集解引徐广言："大刚曰钜。刨，矛。虿，蝎类毒虫。"王先谦集解说："宛地拄此刚铁，为矛，惨如蜂虿，言其中人之惨毒也。"另外还说，南阳产出的铁剑亦十分锋利，曾为楚之邻国秦昭王(公元前 306—公元前 251)所"恐"。

南阳出土　春秋箭矢

　　秦王政迁魏国冶铁家于南阳，为南阳冶铁业注入了新的活力。在秦统一六国的战争中，秦王政(即嬴政，始皇帝，公元前 246 年—公元前 211 年)曾把"两种人"迁入南阳。

9

　　一是"天下不轨之民"。《史记·货殖列传》记述："秦末世，迁不轨之民于南阳。"《汉书·地理志》也记载："秦既灭韩，徙天下不轨之民于南阳。"轨，比喻秩序、规矩、法度。著名作家二月河说："南阳是战国至秦汉时期的移民城市。秦设三十六郡，迁天下不轨之民于南阳。不轨之民就是指手工业者、小知识分子、破落贵族、不安分的自由民，实际上是一次早期的精英聚会。这出乎预料地为南阳经济、文化的发展荟萃了人才。"

　　二是如孔氏一类魏国冶铁家。《史记·货殖列传》中说"宛孔氏之先，梁人也，用冶铁为业。秦伐魏，迁孔氏（于）南阳。"秦王政为何将孔氏迁入南阳？为何如此看重冶铁家和冶铁技术？究其原因，主要是秦在统一六国战争中，亟待补充武器，更新装备，加强国防之急需。

　　西汉时，南阳是国家设置工官和铁官的双官地区之一。铁器，关系到国计民生军备国防乃至财税收入，所以西汉政府极为重视国家制铁业的发展。为垄断这一特别重要的经济部门，汉武帝在位时，将铁器同食盐一样，由政府设工官和铁官经营，实行官卖政策。据《汉书·地理志》记载，当时国家设有9个工官地区，南阳郡县居其一。工官主造武器、日用器物和各种手工业品。

　　另外，南阳还是国家设置铁官的48个地区之一。铁官，主铸铁器。当时在国内既设工官，又设铁官，而且同处一城的双"官"地区，只有济南郡平陵和南阳郡宛县。宛县生产的铁器，在经过工官和铁官批准后，或可直接进入"丝路"。仅此而言，南阳即为"丝路"铁器的始发站之一。

　　南阳瓦房庄冶铁遗址，是汉宛县工业"市"的实物证据。1959年，河南省文化局文物工作者在南阳市北关外汉宛城内，发掘了汉瓦房庄冶铁遗址。该遗址面积达12万平方米，分四个作业区。在3000平方米的发掘区内发现熔铁炉7座、炒钢炉数座，还有烘范窑的残迹；出土大量铁渣、耐火砖、风管残块、风嘴、木炭、泥范泥芯、泥型、铁器。

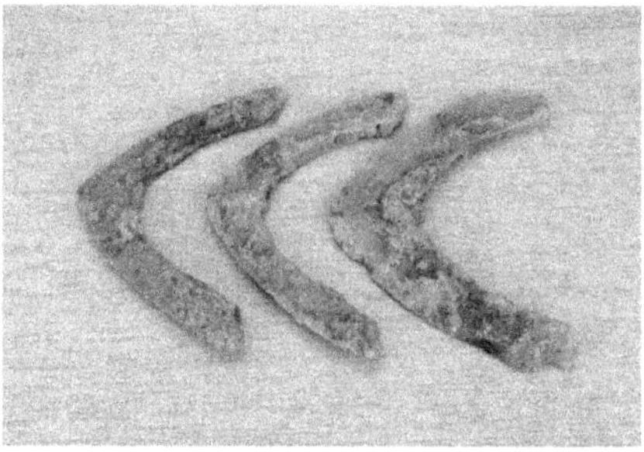

南阳出土 汉代犁铧

南阳出土 汉代釜

其中，农具方面有犁、镬、锸、铲、锄、镰；工具方面有斧、锛、锤、凿、刀、锯、锥；兵器方面有剑、刀、矛、戟、镞、斧钺、铁甲、弩机、钩镶；生活用具方面有鼎、炉、釜、鏊、灯、权、熨斗、三足架、温酒炉、剪刀、炙炉等。

南阳出土 汉代斧

另外，还发现了一件直径达 2 米左右的大铁锅，被称为天下第一锅，也叫牢盆。据考证，它不是做饭的"大饭锅"，而可能是煮盐的工具。

11

南阳出土　汉代齿轮

中国社科院学部委员、历史学部主任刘庆柱先生说：我曾在 20 世纪 80 年代发掘了西汉王朝都城——汉长安城未央宫（皇宫）之中一座大型中央官署建筑遗址。遗址出土六万多片骨片，上刻文字记载了西汉王朝重要地区给中央上缴各种军事武备的档案，其中相当一部分来自南阳。也就是说，南阳实际上是国家最大的武器生产和供应地之一。南阳工官实际上是当时汉帝国直属中央的国防企业。南阳工官应属于中央政府直接管辖的三个工官之一（即河南工官、颍川工官、南阳工官），南阳瓦房庄冶铁遗址也证明了这一点。

特别值得一提的是，在一件犁铧泥模上发现有"阳一"字样铭文；在陕西、江西发现有"阳二"字样铭文的铁器。"阳"，就是南阳郡的简称；"一""二"则是南阳郡铁官所属作坊编号。由此可见，南阳汉宛城瓦房庄遗址是一处以铁料和废旧铁器为原料的大型铸造兼炒钢、锻造的"钢铁公司"。大致从西汉中期到东汉晚期，确立了南阳郡在丝路沿线城市群中一以贯之的工业地位。余太山在《两汉魏晋南北朝西域传研究》中说："冶铁技术本来是汉人发明后逐步西传的，在张骞首次西使之际，葱岭以西尚不知'铸铁器'，是完全可能的。"张骞"凿空"之后，不仅一般"铸铁器"之术传到了葱岭及其以西地区，甚至连或为秘密级的铸造兵器技术也传到了"大宛以西至安息"一带。

南阳的钢铁冶铸技术先进。南阳太守杜诗制作"水排"鼓风机，冶炼钢铁，提高了冶炼技术，欧洲在1100年后才开始应用这种技术。南阳瓦房庄冶铁遗址，是汉代全国最大的钢铁基地，通过出土的铁器分析，其中两件东汉铁凿属铸铁脱碳钢、球墨铸铁，这说明汉代南阳人已掌握了高温冶炼技术。在长安建筑遗址中还发现了为数不少的南阳工官铭铜弩机。张衡地动仪、浑天仪精密构件的生产，也证明了当时冶铁水平的先进。

第三节　文化魅力强大

南阳处在长江流域文化板块和黄河流域文化板块的中间，南北文化在此交汇，形成复杂的文化特色。文化厚重比不上洛阳、西安、开封，但文化的复杂性在全国首屈一指。先秦时期，南阳已是交通枢纽，两汉时又是科技重地、重工业基地（冶铁业）和经济文化中心。东汉时，南阳又成为刘秀的"老干部基地"，"王侯将相，第宅相望""驱车去弄马，游戏宛与洛"，足见南阳地位之高。因此，当时南阳在全国乃至在全世界都是顶尖的城市。南阳特殊的历史环境产生了张仲景、张衡等世界级名人，吸引霍去病、诸葛亮等有识之士来到南阳。因为当时还没有科举制度，入仕需要推荐与选拔相结合。在南阳这种政治环境中，有人推荐，有人选拔，就可能到中央做官。所以那些有志于安天下，有志于有所作为的人，必然选择南阳这样好的平台、好的环境，来实现自己的人生抱负。

汉文化是汉代形成的国家主体文化。汉文化的分布地区在国际上叫"汉文化圈"。汉文化形成于西汉时代，东汉时期得到进一步发展。汉文化核心内容是汉字、儒家思想、汉译佛经的佛教信仰、重农理念、货币官铸、盐铁官营、律令制国家、宗法制社会等，一直延续两千年，其中有些直到今天仍然影响着中华民族文化。中国的古汉字从大篆到小篆，小篆到汉隶，汉隶到楷书，都是汉代确立的。战国时代，百家争鸣。到了汉代，独尊儒术，把儒家推崇出来。秦始皇推行郡县制，到汉武帝才全面形成。这种国家分层管理体制直接影响到今天的世界。

汉代尤其是东汉时代，南阳是汉文化的重镇。从考古学观察、研究历史，不难发现材料与工具之于人类历史发展至关重要。中国因石器发明进入原始社会，因铜器发明进入王国时代，因铁器发明进入帝国时代（即中华民族的形成与发展时代）。中国古代历史上，时间最早、规模最大的铁器时代的物化载体遗存，就是在南阳地区发现的，如瓦房庄汉代冶铁遗址。瓦房庄冶铁遗址在世界都很知名，属于目前考古发现的中国古代最大的冶铁遗址。可以说南阳是汉代中国最大的铁工业基地。汉武帝利用南阳的铁器，不仅提高了生产力，而且改进了部队的装备，开疆拓土，使汉王朝版图西到新疆，东至"乐浪四郡"，南到南海，基本奠定了近代国家的基础。因此，谈到汉帝国，就会想到南阳。南阳的铁器改变了中国的一个时代，使中国社会从王国时代进入帝国时代。

汉代四百年间，长安与洛阳为两京，南阳为"南都"。汉代文学家除著有《两都赋》《两京赋》之外，还著有著名的《南都赋》。这个"南都"就是南阳。东汉时期刘氏家族及政治集团的核心成员多在南阳。东汉一代，南阳成为中国继洛阳之后的第二政治中心，权贵云集，文化发达，学风浓厚。所以，南阳是一个读经诵史、增长才识的好地方。在当时的环境下，南阳是高层政治人物生活的地方，只有到南阳才能找到汉代的正统，才能参加到当时的政治"圈"里去，才能找到志同道合的政治精英，其他地区没这么大的政治"圈"。因此，南阳令天下学士、名士、志士、商贾、巨富趋之若鹜。

汉代南阳艺术文化灿烂，形式多样，内容丰高，技艺精湛。首先是舞乐百戏丰富多彩。张衡《南都赋》记载，南阳聚族祭祀，宴请宾客之际，"弹琴龠，流风徘徊，清角发声，听者增哀"。南阳士人在三月上

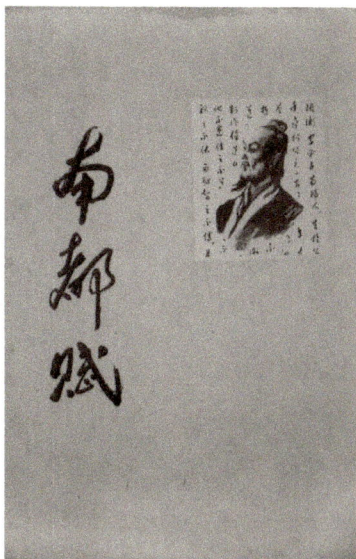

张衡所著《南都赋》一书的封面

巳日纷纷到河边踏青游乐,举行歌舞聚会活动,"于是齐僮唱兮列赵女,坐南歌兮起郑舞",弹筝吹笙,新韵动听。

南阳画像石中有许多歌舞演奏场面,其中撞钟图、击铙图,十分生动;而弹琴、抚琴、击鼓更是栩栩如生;还有管弦打击乐器伴奏的乐队,所见有瑟、排箫、埙、拍、铙、钲、钟、錞、建鼓、鞞等多种乐器,令人仿佛听到了《寡妇曲》的悲吟,《鹍鸡曲》的哀鸣,听到柔丽多变的"新声"。画像中的"七盘舞""建鼓舞""独舞""双人舞""巫舞""长袖舞",舞者个个细腰长袖,翩跹起舞,体现和反映出了丰富多彩的舞姿,形同流云,使人应接不暇。

画像中乐舞场面的恢宏盛大与张衡在《南都赋》中的吟咏,相互辉映,让人身临其境,如闻其声,使人们仿佛回到了音乐文化异彩纷呈的汉代。

汉画中还有多种多样的杂技表演,诸如飞剑、跳丸、倒立、冲狭、弄壶、戏车等,技艺高超,令人赞叹不绝。

南阳汉画　胡人杂技

特别是戏车，再现了一场惊心动魄，绝妙非凡的车上履索杂技表演，堪称杂技之精粹。其次在雕塑艺术上，南阳出土的汉代陶狗，形体适中，比例匀称，写实性强，造型逼真，形象生动，准确地塑造出狗的各种形态，惟妙惟肖，收到了以形传神、气韵生动的艺术效果。

南阳汉画　投壶

南阳出土的汉代石雕有天禄、辟邪、虎头、獬豸，卧羊、龙虎座等，造型奇特美观，其奔放苍劲的艺术手法反映了南阳汉代石雕艺术的水平。最能反映南阳汉代艺术水平的是画像石和画像砖，全国出土近6000块，而南阳竟占近1/2。其艺术风格粗犷豪放，对各种形态刻画注重整体效果，粗中见巧，以动势求胜，朴素而不单调，豪放而不疏散，正如鲁迅所说"气魄深沉雄大"；其主题表达明确，内容丰富多彩，大致分为生产、生活、历史故事、远古神话、天文星象、装饰图案等，通过繁衍崇拜、图腾崇拜、英雄崇拜、天地崇拜、神仙崇拜等，表达君德、兴盛、成仙、升迁、盛世以及情义孝道等吉礼祥瑞，从一个侧面反映了南阳汉代的社会意识和思想观念，被称为"东方艺术宝库"之一。

南阳新野出土汉代画像砖　斜索戏车

南阳汉代书法艺术也有不少传世之作，现存的石刻宗资墓石兽题字"天禄辟邪"是正规的小篆，隶书有《越圉令碑》《李孟初残碑》《赵菿碑》《淮源庙碑》《张景碑》《许阿瞿墓志》，还有画像石(砖)上的散字等皆很有名。光武帝刘秀、章帝刘炟及师宜官等都是著名的书法家。

在建筑艺术上，南阳出土的画像石(砖)中刻有汉代的建筑。从住宅建筑上看，有单檐和重檐四阿式高层建筑、干式、平民住宅等。桥梁建筑有拱桥、弧形梁式桥等。还有园林建筑和乐舞厅堂、养动物的圈舍等。反映了私人住宅和园林建筑的壮观豪华、幽静怡人及桥梁的坚实优美，一定程度上代表了南阳汉代的建筑艺术水平、科技文化的发达程度。

张衡是优秀的天文学家和机械制造家，他撰有《灵宪》和《算罔论》等天文学与数学论著，认识到宇宙的无限性和日食的原因，发明并制造了世界最早的水力转动的浑天仪、比欧洲早1700多年的地动仪、比欧洲早1000多年的候风仪。他观测到的星数，较亮的有2500颗，常明星有124颗，有名字的有320颗，这与现代天文学家在用肉眼观察到的数目基本相同。由于张衡在天文、历法、数学方面做出了巨大的贡献，他被称为"科学之父"，列为"世界十大文化名人"之一。

宋均在天文学方面也颇有造诣，著有《尚书纬考灵曜》《易纬通卦验》两部纬书，其中包含有丰富的天文学内容。

"医圣"张仲景精研《内经》，撰著《伤寒杂病论》，奠定了中医学的理论基础，被历代医学界奉为经典著作，被后人尊为"万代医宗"。

南阳文化教育发达，产生了一批文学家，留下不少文学作品，主要代表人物是张衡和朱穆等人。张衡的《二京赋》《南都赋》《思玄赋》《归田赋》尤为著名，与司马相如、扬雄、班固并称"汉赋四大家"。他的《二京赋》是汉赋的长篇，那些抒情小赋为辞赋发展开辟了新境界，《归田赋》是东汉赋风转变的扛鼎之作，在语言上开汉赋骈俪的风气。他的《同声歌》《四愁诗》是五言、七言诗创始时期的重要作品。朱穆著有《崇厚论》《绝交论》《郁金赋》《与刘伯宗绝交诗》等诗文近20篇。两汉南阳散文创作有延笃《贻刘祐书》《与李文德书》《仁孝论)，刘毅《中兴以下名臣列士传》《上书请著太后注记》，刘苍《光武帝受命中兴颂》《建武以来章奏》，刘珍《东观汉记》，刘騊駼《玄根赋》《与窦季玮书》《与李子坚书》《上书谏铸钱事)，左雄《上硫陈事》，张敞《奏记王畅》，刘复《汉德颂》，宗意《谏留诸王不遣就国疏》，张衡《大疫上疏》《陈政事疏》《驳图谶疏》《论贡举硫》《论举孝廉疏》等。张衡、延笃、刘珍、刘騊駼、刘苍等7人还有文集流传于世。这些丰富的文学作品，不仅有较高的文学价值，而且也是汉代政治经济文化状况的反映，体现了南阳士人忧国忧民的崇高精神。

南阳汉代社会民风朴实无华，讲究名节，积极进取。张衡《南都赋》描述南阳人说："且其君子，弘懿明叡，允恭温良，容止可则，出言有章，与时抑扬。"说明南阳人品德高尚，为世人之楷模。这样的例子很多：邓晨率宾客与汉军会于棘阳，战斗失败，妻及三女皆遇害，新野县令烧其房舍，但终无悔恨之色，仍追随刘秀征战不已。贾复、邓禹等人带头弃武修文，开一代重儒文之风。李通首同刘秀起兵反莽，发动武装起义未果，其兄弟门宗共 64 人被杀，但仍忠心不已，终于助成帝业。岑彭坚守宛城，汉军攻数月不下，粮尽而降，刘伯升以他"执心坚守，是其节也"，为表彰其讲义守节，封为归德侯，最终在平定蜀地公孙述政权中，为国捐躯。刘缤少有大节，自王莽代汉，常愤愤有复社稷之志，组织刘秀、邓晨、李通等人起兵，合力攻占宛城。樊英富贵不淫，威武不屈，安帝特征到京师欲任以要职，他拒不接受，连安帝对他也无可奈何，不得不尊以师傅之礼，不敢夺其志节，听其还归南阳，表现了南阳士人刚直不阿的独立人格精神。

张衡一生积极进取，勤劳多获，但从不阿谀奉迎，苟且偷生，而是忧国忧民，直言不讳，品性高洁。他在《应间》中说："捷径邪至，我不忍以投步。干进苟容，我不忍以歃肩。"《后汉书》卷 45、卷 53 中记述张衡的话"不患位之不尊，而患德之不崇；不耻禄之不伙，而耻智之不博"。崔瑗在《河间相张平子碑》中称赞张衡："然而体性温良，声气芬芳，仁爱笃密，与世无伤，可谓淑人君子者矣。"像这些讲信有节、守死善道、忠孝仁义之士，在南阳人中是不胜枚举的。南阳汉画中刻有"二桃杀三士""荆轲刺秦王""聂政自屠""程婴杵臼""狗咬赵盾""范雎受袍"等历史故事，也反映出南阳人崇尚名节，赴仁蹈义的社会风尚。

南阳汉画　乐舞杂技

汉代南阳社会生活丰富多彩，主要表现在车骑出行之盛，宴饮舞乐百戏的精彩。张衡《南都赋》对这种田猎饮宴活动有过描述：在祭祀祖先时举行宴会，不但有丰富的美味佳肴，更有赵女郑姬穿红戴绿，弹琴跳舞，酣饮至醉而归，甚至通宵达旦。上巳节郊游踏青，男男女女穿着漂亮的衣服，坐着马车，聚集到水边。被禊、歌舞、田猎、横渡，一幅贵族游春娱乐的画面，跃然纸上。南阳出土的画像石(砖)，有大量的连车列骑、饮宴舞乐的豪华生活场面，其数量之多、场面之大是其他各地出土的画像石(砖)所无法比拟的，仅车骑出行田猎图中就有借助猎犬捕兽、借助弓矢猎兽、借助马匹射猎，还有渔猎图等，所猎取的动物有虎、牛、鹿、兔、野猪、雁、鱼等。饮酒时还要以投壶、六博为赌具，汉画中有投壶图和六博饮宴图。举行宴会常以歌舞百戏来助兴，出现有拜谒、迎宾、宴飨一类画像。汉画中的《舞乐宴飨图》颇能反映这种饮宴情状：画面上方一人独坐，三人起舞，下面二人对坐，中间置案上有酒杯、鱼、鸭、肉串等饮食。画中的舞者"云转飘忽"的长袖，"体若游龙"的身段，给人以潇洒的美感。常常是杂技、舞乐、宴飨三种场面刻画在一起，表现出当时南阳贵族生活的雍容华贵气派。南阳汉画中的斗兽图，与《后汉书》卷 10《皇后纪》记载的南阳"其俗夸奢尚气力，好商贾渔猎"习俗有关，把斗兽作为观赏娱乐，以表现勇猛的气概。由此可以看出南阳社会文化娱乐生活是丰富多彩的，也反映出汉代南阳的精神风貌。南阳文化在汉代丰富多彩，千姿百态，兼容并包，具有明显的地方特色。

南阳汉画　事事如意

第四节　人物砥柱中流

汉代南阳人才辈出，他们忧国忧民，孜孜为政，在政治上卓有建树。南阳人在东汉政权的建立和巩固过程中起到了举足轻重的作用。南阳蔡阳刘氏起兵反莽，在南阳建立了更始政权，覆灭了王莽的新朝，王莽的首级也是首先传到南阳的。刘秀在统一全国的战争中，南阳人是主力军，并立下了汗马功劳，其手下的文臣武将多为南阳人，如刘赐、刘歆、刘嘉、刘信、刘祉、邓禹、贾复、陈俊、朱祐、李通、岑彭、杜茂、马成、吴汉、任光、马武、彭宠、邓晨、来歙、韩歆等，都随刘秀南北转战，完成了统一大业，建立了东汉王朝。东汉建立以后，南阳人在统治政权中仍居统治地位。南阳籍官吏 122 人中，光武、明、章帝时期为 53 人，和帝到灵帝时期 51 人，中平元年（公元 184 年）以后为 18人，说明南阳人才一直到桓、灵帝时仍兴盛不衰。仅光武帝执政时期南阳人任三公的有 10 人，九卿有 13 人。三公之一的大司马是全国的最高军事统帅，公元 25 年由吴汉担任，一直到公元 44 年止，共 19 年。从公元 44 年到公元 51 年由南阳人刘隆行其职，达 7 年之久。后大司马改为太尉，由南阳人赵熹自公元 51 年担任，一直担任到公元 60 年，公元65 年—公元 75 年又任该职，共担任了 19 年。这说明军权一直掌握在南阳人手中，对东汉政权的巩固做出了极大的贡献。《后汉书》卷 10《皇后纪》记载：南阳的外戚集团控制东汉的政权时间较长，出现了光烈阴皇后、和帝阴皇后、和帝邓皇后、桓帝邓皇后、灵帝何皇后，5 位皇后参政、议政、执政达 81 年之久，几乎可占东汉统治时期的 1/2，对东汉政治产生了重大影响。南阳人为政清廉，广推教化，造福人民，促进了东汉政治、经济、文化的发展，稳定了东汉政权。任延、宋均、左雄、郭丹、邓晨、朱穆、张衡、樊准等人或任职郡守，兴修水利，发展经济，兴办学校；或任职中央官吏，忠心辅政，为皇帝出谋献策，指陈朝政得失，参与国家方针政策的制定和执行。可以说，南阳人是东汉政权的政治支柱。

西汉时期的南阳，产生了不少法学之士，精通法学思想，著名的有直不疑、杜周、杜延年、张释之、宁成等人，多任职廷尉、御史大夫等司法之官，以严刑峻法闻名于世。杜周还著有《杜周律章句》一书行世。

两汉之际，南阳出现了一批精通儒学之士，刘秀官僚集团中，刘缤、刘秀、刘嘉、刘隆、邓禹、朱祐、卓茂、张堪、阴识等人都游学京师，接受儒家思想教育。

刘秀爱好经术，重视儒学，搜访儒雅之士。白天日理万机，"夜讲经听诵"，治国以"柔道"，即用儒家思想治国，他是中国古代受过大学教育的皇帝。

贾复自幼崇尚圣贤典籍，"少好学，习尚书"，带头弃武修文。

邓禹 13 岁即能背诵《诗经》，精通儒典，令 13 子各守一艺，指导孙女邓绥重视科技，儒道治国，使其于东汉中期临朝执政 16 年。

南阳人研究儒家经典蔚然成风，并且著书立说。著名的有：刘睦广结名儒，撰《春秋旨意终始论》；洼丹世传孟氏易，作《易通论》；谢该精通《左氏春秋》，撰《谢氏释》《左氏释》；樊英"习《京氏易》，兼明五经"，撰《易章句》《石壁文》3 卷；张衡通《五经》、贯《六艺》，撰《周官训诂》；延笃少在颍川唐溪典门下受《左氏传》，"博通经传及百家之言"，撰《春秋左氏传》注；樊鯈跟随侍中丁恭学习《公羊严氏春秋》，撰《删定公羊严氏春秋章句》；刘珍等人"校定东观五经诸子百家艺术，整齐脱误，是正文字"；宋均喜爱经书，精通《诗》《礼》，撰《孝经皇义》。宋忠撰《周易注》10 卷，刘辅撰《沛王五经通论》，刘苍《南北郊冠冕车服制度》等著作，还有张衡著《南阳文学儒林赞》，都反映出南阳儒学的兴盛。其特点是学习《易经》和《左传》的士人居多，也反映出了汉代习《易》之风。由于汉武帝时董仲舒创立的新儒学是把方士之学杂糅起来的，故儒学本身也多兼方术之学。

南阳方士文化也比较发达，有些还是门徒众多的著名经师，或世代相传的儒学世家。方士文化依附儒学，特别是依附于《易经》方术，如

《易占》等，这也是汉代易学发达的原因，一般士人都要精通"术数"之学，即以各种方术观察自然界的异常现象，来推测人和国家的气数和命运。南阳著名的政治家张衡、左雄、樊准、朱穆等人指陈朝政得失时都是依据阴阳符瑞灾变理论，把天与人联系起来，说明他们都精通阴阳占卜等术数之学，所以才能据天象推测社会人事吉凶。

据《后汉书》卷59《张衡传》记载，张衡是以善"术学"被安帝征拜为郎的，他"善机巧，尤至思于天文、阴阳历算，被称为东汉中世"阴阳之宗"。张衡对术数之学有精深的研究，曾撰有《太玄经注》《玄图》等著作。南阳出土的汉墓中有大量的天文画像就反映出南阳这种阴阳占卜、天人感应、灾异祥瑞等术学思想的盛行。

南阳汉代谶纬之学也广为流传，谶纬之学是以预言与应验成仙为特征并依附于经学的神学混合体，光武帝刘秀笃信图谶，以画像图起兵，以图谶称帝，以图道用人。南阳富商李守、李通父子也喜图谶。《后汉书》卷15《李通传》中记载说李守常云："刘氏复兴，李氏为辅，"李通对此念念不忘，后竭力辅佐刘秀统一天下。《后汉书》卷15《邓晨传》中说，南阳人蔡少云"颇学图谶，言刘秀当为天子"，南阳人邓晨很迷信这一谶言，也忠心追随光武帝刘秀左右。新莽末年，刘龚在南阳阴县起兵，友人苏竟给他信中劝道："君处阴中，土多贤士，若以须臾之间，研考异同，撰之图书，测之人事，则得失利害，可陈于目。"这段话也典型地反映出南阳阴县多士人、善图谶的状况。

东汉诸帝也重视图谶神学。据《后汉书》所载谶纬家58例，而南阳占6人，最著名的当数安帝顺帝时期的樊英，《后汉书》卷15《邓晨传》中说他精通《京氏易》，善河洛七纬，"以图谶教授""受业者四方而至"，顺帝曾待以师傅之礼。并且儒学谶纬化，用谶纬解释儒家经典，制订礼仪制度，樊儵定郊祀礼，以谶记正五经异说。治经明谶代表了东汉的学术文化水平，著名经学大师贾逵、马融、郑玄等也引谶纬注经典。南阳学者也颇多谶纬之书的著述，宋衷著有《太玄经注》9卷、《法言注》13卷、《乐纬注》《春秋纬注》《孝经纬注》。宋均撰有《尚书纬考灵曜》《易纬通卦验》《易纬传》《书纬注》《礼纬注》《乐纬注》《春秋纬注》《论语注》等，南阳黄老道家神仙学说也大量传播，从散见记载来看东汉黄老学者，以任魔、樊瑞、樊融为代表，皆好黄老之言，清心寡欲。东汉末年太平道教也在南阳广为传播，南阳黄巾军势力很大，曾数次攻进南阳宛城。南阳人张津为安州刺史，常鼓琴烧香，"读邪俗道书，云以助化"终被南夷所杀。南阳人阴长生还著有《金丹诀注》1卷、《修真君五精论》《修湟经》1卷、《注全碧五相类参同契》3卷、《阴长生书》9篇，都是讲道教炼丹成仙之术。南阳出土的大量仙人乘鹿、鹿车画像、虎车画像、龙画像、羽人画像、飞廉画像，各种异兽组成的升仙画像，都反映出神仙道教思想的盛行情况。

西汉张骞探索"丝路"并"凿空"西域和南越，曾被武帝封博望侯；"丝路"的打通者、勇冠三军的霍去病，曾被武帝封为冠军侯；"凿空"、打通"丝路"的财政支撑者孔仅是冶铁家，这个南阳籍人被武帝任命为大司农；东汉时期有"工业市长"之称的杜诗等，都彪炳历史。

丝绸之路的"凿空"，是汉武帝重臣张骞等主"外交"、霍去病等主国防、孔仅等主经济，这三位代表人物的鼎力合作，使西汉的综合国力日益强大。然而张、霍、孔三人均与南阳有密不可分的关系。

张骞等主"外交"。西汉初期，由于内部统治还不够巩固，社会经济尚未恢复，无力对威胁边境和西域的匈奴进行大规模的军事反击，只得采取和亲的政策。武帝时期，由于以孔仅为代表的冶铁业的进步，农业的恢复和发展，以及封国国力的削弱，汉政府出现了"财阜有余，士马强盛"的情势。为了截断匈奴的右臂，利用大月氏和匈奴之间的矛盾，汉武帝决定联合大月氏共同夹击匈奴。

建元三年（公元前138年），汉中郡成固县人张骞应募以郎官身份出使西域。他被匈奴拘禁了10年，后来逃了出来，经过姑师、龟兹，越过葱岭，经过大宛、康居等国，到达大月氏。因大月氏无意联合，张骞只得无功而返，途中再次被匈奴扣留。元朔三年（公元前126年），张骞才回归长安，被汉武帝拜为太中大夫。元朔六年（公元前123年），武帝令张骞以校尉职跟从大将军卫青出征匈奴。由于张骞熟悉地形，了解沙漠地区的水草地，使得汉军饮水"不乏"。大军凯旋后，张骞被封为博望侯。《辞海》"博望"条："古县名，西汉置。"当时的博望县在今河南省南阳市方城县西南。"汉武帝封张骞为博望侯，东汉末刘表使刘备拒夏侯惇等于博望，均在此。"方城，考为古缯国地。《说文解字》："缯，帛也。"是古代丝织品的总称。张骞受封于博望，除博广瞻望外，与方城是古丝绸织品的故乡有一定关系。

元狩二年（公元前 121 年），以张骞为卫尉，掌管宫门警卫，主南军，为九卿之一。张骞在与李广攻击匈奴时，因行动迟缓，免官为民。至元狩四年（公元前 119 年），也就是孔仅出任大农丞后第二年，张骞被委为统领皇帝侍卫的中郎将，奉命出使乌孙。这次出使，虽然没有达到劝说乌孙东归的目的，但汉与西域国家乌孙、大宛、康居、大月氏、安息等国建立了广泛的联系，并经过上述诸国，"凿空"了通往中亚、西亚各国的丝绸之路。张骞回长安后被拜为大行，主管民族事务，公元前 114 年病卒。此时，如班固在《汉书》中记述"西北国始通于汉矣"。

霍去病等主国防。匈奴，古称胡，是一支战国时期活动于燕、赵、秦以北地区的古代民族。秦汉之际，冒顿单于统一各部，势力范围达大漠南北广大地区。汉初，不断南下攻扰，汉朝基本采取防御政策。武帝时，随着综合国力的提升，先后对匈奴贵族发动了三次大规模的战争。第一次发生在元朔二年（公元前 127 年）。这年，车骑将军卫青出云中以西，迂回到陇西，击败了匈奴楼烦王和白羊王，控制了河套内外广大地区。公元前 123 年，17 岁的霍去病被委以骠姚校尉，随卫青出征，予敌以重创。"斩捕首虏过当"，被武帝封冠军侯。《辞海·冠军》解释："古县名。汉元朔六年（公元前 123 年）置。霍去病功冠诸军，封冠军侯于此，故名。"冠军县位于当今河南南阳市邓州西北的张村镇冠军、汤家苏楼、上堂四个自然村范围内。

第二次发生在元狩二年（公元前 121 年）。这年，霍去病升至掌统兵征战的骠骑将军，率领骑兵两次从陇西出击，切断了匈奴同氏羌各族的联系，打通了汉通西域的道路。

第三次发生在元狩四年(公元前 119 年，即孔仅出任大农丞的第二年)。这年，由大将军卫青、霍去病各率领骑兵 5 万人，随军 14 万骑，还有步兵辎重兵几十万人分道深入漠北，以巨大的人力、物力代价，换取了对匈奴的胜利。此役，汉武帝以霍去病所部斩获甚多，增爵邑5800 户。同时，增设大司马("三公"之一，掌统兵征战，相当于后代的兵部尚书)一人，由霍去病充任。

孔仅等主经济。班固的《汉书》记载："汉兴，接秦之敝，诸侯并起，民失作业，而大饥馑"，"天子不能具醇驷(纯一色驷马)，而将相或乘牛车"。这时国家只能实行"休养生息"的政策，盐铁听任民间经营，实际上大多掌握在少数郡县豪家的手中。宛之孔氏，就是以冶铁业起家的。《史记，货殖列传》称："宛孔氏之先，梁人也，用冶铁为业。秦伐魏，迁孔氏南阳。大鼓铸，规陂池，连车骑，游诸侯，因通商贾之利，有游闲公子之赐与名。然其赢得过当，愈以纤啬，家致富数千金，故南阳行贾尽法孔氏之雍容。"这是说子孔氏的先辈是战国时期魏国的大冶铁家。迁居南阳之后，采用先进的"大鼓铸"之法，制造出大批国家得以恢复生产、人民得以改善生活、国防得以不断巩固的各种铁器和兵器，为西汉前期经济的恢复和政权的巩固，做出了不可磨灭的贡献。孔氏家族也成西汉前期南阳郡县首屈一指的"千金"大户。

为了削弱富商大贾的势力，加强皇帝对全国经济命脉的控制，增加国家对匈奴贵族战争的军费开支，以及天子巡游、大兴土木的需要，公元 120 年，汉武帝采纳御史大夫张汤提出的"笼天下盐铁"的建议，任用南阳宛城负有盛名的冶铁家孔仅、盐业家东郭咸阳为大农丞，领全国盐铁事，主管盐铁专卖。后孔任大农令，官至大司农，掌租、税、钱、谷、盐、铁和国家的财政收支，也就是说，除盐铁外，兼领税务、金融、粮食、财政于一身，为"九卿"之权臣。孔仅把南阳先进的冶铁技术推广于全国，不仅促进了全国水利、农业的发展和商业的繁荣，而且改善了军队装备，增加了国防开支。一个统一的、强大的汉王朝的形成，从根本上确保了汉对匈奴战争的胜利和对西域丝绸之路的"凿空"。

南阳汉画　胡人出行

西汉中后期，随着丝绸之路的"凿空"，以南阳郡治宛为代表的铁制品和冶铁技术与汇集于京都长安的丝织品及其他产品纷纷走进西域、中亚、西亚、南亚，以至欧洲的陆路通道。西域各国的"珍奇异物"也陆续输入中国。名城宛城、博望城、冠军城，因名人张骞、霍去病、孔仅而更加有名，并分别成为丝绸之路沿线城市群中驰名的"工业城"、商贸城和旅游城。《汉书·西域传·大宛国》记载：自宛以西至安息国"其地（皆无）丝漆，不知铸铁器。及汉使亡卒降，教铸作它兵器"；还有南阳理工学院西汉墓出土的古罗马玻璃碗，也从另一个方面旁证了南阳在"丝路"中所发挥的物流、运输和商贸作用。

第五节　帝乡美丽安康

张衡在《南都赋》中歌颂南阳："于显乐都，既丽且康。"河南大学著名历史学家朱绍侯认为，东汉时期的帝都"洛阳也是丝绸之路的起点"。其理由大致有六：一是洛阳为东汉王朝的都城；二是人们在计算丝绸之路上西域各国里程时，以洛阳为起点；三是西域都护班超曾派属员甘英出使大秦远达波斯湾；四是西域诸国多遣子入侍，即以质子的身份居洛阳；五是西域国家向东汉政府进贡，得汉政府"厚加赏赐"；六是洛阳为西域佛学驻足地方，也是汉人向西方取经的出发点。宛洛相连，那么，当时有"帝乡""南都"之称的南阳（宛），便成了丝绸之路沿线城市群中一座颇具活力的国际大都市。

新莽时期，南阳宛为五大都市之"南市"，被王莽命名为"南都"。西汉末年，曾被成帝封为南阳新都侯的王莽代汉立新。之后，建国伊始的第二年，颁布"五均赊贷"和"六筦"法。班固的《汉书》记载："五均"就是在长安外洛阳、宛、邯郸、临淄、成都五大都市设立五均官。由原来的令（大县）、长（小县）兼理，称为"五均司市师"。五均司市师的工作，一是稳定物价，二是控制市场供应，三是办理赊贷。在设五均司市师的五城中，洛阳为中市，宛为南市、邯郸为北市、临淄为东市、成都为西市，长安的东、西两市改为京、畿两市。中国汉代"六大都市"由此而来。但是，王莽的对外政策和惠民政策，因贬降各族的王为侯，对于不满者加以征伐，自毁了丝绸之路的"路基"。看似被王莽拔高的"南市"，实则变得空虚混乱。在此后的绿林、赤眉农民起义中，更始帝刘玄占领宛城后，一度以宛为都，反与帝都长安一样遭到了战争的破坏。

东汉初期和中期，南阳"宛"有"帝乡""南都"之称。公元25年，南阳蔡阳人刘秀在南阳建立东汉王朝。《后汉书·刘隆传》说："南阳帝乡多近亲。"由是，南阳出现了"帝乡"一名。在刘隆的心目中，南阳的土地不实，主要是因为南郡县两级政权皆掌握在刘秀亲朋和以李通、邓禹等为代表的前小吏、布衣、行伍出身的南阳籍功臣手中。这也从另一个方面反映出东汉一代繁荣背后所潜伏的社会危机。东汉中期，安帝欲废光武旧都南阳。张衡作《南都赋》"以讽之"。《赋》文通过对南阳"地势""宝利""山""木""竹""川渎""水虫'"陂泽""草""鸟""水""原野""园圃""香草""厨膳""酒"等的客观描写，热情讴歌了南阳作为"南都"的美丽与安康。

杜诗因"造作水排，铸为农器"而成"工业市长""父母官"的代名词，同时他也是一位最"贫困"的地方长官。东汉建武七年（公元31年），河内汲县人杜诗由成皋县令、沛郡都尉、汝南都尉，升任为南阳郡守。杜以"性节俭而政治清平，以诛暴立威，善于计略，省爱民役"著称。这时，郡国虽仍设盐、铁专卖官，但只征税而已，实际上恢复了西汉初"纵民煮铸"的制度，南阳宛城"阳一"和城外"阳二"冶铁集团的冶铁业，虽然不减当年之盛，但以人力、马力为动力的"大鼓铸"仍为传统的工艺。为了改变这一落后的动力工艺，杜诗发明了一种以水为动力进行鼓风的装置，于是史籍出现了"造作水排，铸为农器，用力少，见功多，百姓便之"的记载。杜诗也因此成为南阳历史上唯一的一位"工业市长"。"又修治陂池，广拓土田，郡内比室殷足。时人方于召信臣，故南阳为之语曰：'前有召父，后有杜母。'"故又荣获"父母官"之称谓。

通向西域、中亚、西亚诸国和地区的丝绸之路，因受王莽外交、民族政策的负面影响，不断遭到匈奴的"陵虐，边民虚耗，（军队）不能守"。于是，杜诗上疏光武帝虚让出几个郡府的官位，等待统兵征战的功臣来担任，并提出自己愿意提前"退休"虚位以待征伐匈奴、重新恢复"丝路"的有功之臣。"帝（刘秀）惜其能，遂不许之"。诗在南阳"视事七年，政化大行"。但令人想不到的是，诗"病卒"，因"贫困无田宅"，竟"丧无所归"。司隶校尉鲍永上书光武，帝方下令在南阳郡府为杜诗主持丧礼，并赏赐绢布千匹。由是，杜诗成为一位南阳历史上最为贫困的地方长官。

东汉时代，南阳与洛阳并列为全国最大的商业城市。据《盐铁论·通有》记载，早在战国时期，"楚之宛（即今南阳市）"，已是一座"富冠海内"的"天下名都"。宛之所以能够成为天下"名都"，用西汉桑弘羊的话说："非有助之，耕其野而田其地者也；居五诸侯之中，跨街衢之路也。"意思是说宛地土地肥沃，农副产品丰富，交通便利为交通要道，是经济发达的原因，并非完全由政治因素决定。战国后期，宛一度为韩所占领。秦白起拔宛后，至秦末刘邦西进抵宛，南阳宛已保持了约85年相对安定的局面，故成为"人民众，积蓄多"，"连城数十"，"大郡之都也"。刘邦"约降"秦南阳郡守吕齮的成功，使宛至西汉末又维持了约

198年相对安定的局面。后经新莽至东汉刘秀建国，南阳大约汇集了将近三百年物质与精神文明的积淀。当时南阳郡辖37县，户528 551，人口2 439 618，为全国第一人口大郡。农业、水利、工业发达，商业繁荣。《汉书·仲长统传》引《昌言理乱篇》说："豪人之室，连栋数百。膏田满野，奴婢干群，徒附万计，船车贾贩，周于四方，废居积贮，满于都城。"光武母舅樊重，"世善农稼，好货殖"，"开广田土三百余顷"，"资至巨万"。此可作为"以末（商业）致财，用本（农业）守之"的大地主、大商人一代表人例。而此时的洛阳，"资末业者什于农夫"，故由郭沫若主编的《中国史稿》指出，东汉时期的"洛阳和南阳是当时最大的商业城市"。

东汉时期，"宛洛旅游线"是一条"天子旅游线"，"国级"旅游线。据《后汉书·光武帝纪》记载，刘秀即位后，多次"幸宛""幸章陵""幸南阳"。由是开创了东汉一代天子"锦衣还乡游"之先，从而形成了"天子旅游线"。之后，历代皇帝、京师贵戚、郡县豪家、行商坐贾、文人墨客无不以游宛城、观"帝乡"为快、为荣。"其地（指南阳）武阙关其西，桐柏揭其东"；"其宝利珍怪，则金彩玉璞（未雕琢的独山玉）"，"其水则开窦洒流，浸彼稻田"；"其原野则有桑漆麻苎，菽麦稷黍"；"其厨膳，则有华乡重柜，濯皋香秔"；"酒则九醖甘醴，十旬兼清"。出则可"临渊钓鱼，放犬走兔"；入则"弹筝吹笙，更为新声"。"此乃游观之好，耳目之娱，未睹其美者，焉足称举。"故汉《古诗十九首·青青陵上栢》云："驱车策驽马，游戏宛与洛。"意思是说即使骑上迟钝的马，也要到光武皇帝的故乡南阳（宛）和其京都洛阳游玩一番。作诗的人如此向往于宛、洛，那些"丝路"沿线国家和地区的友人商人当然也会游戏宛与洛，其时，很多西域人南越人经商于宛，生活于宛，以居宛为荣，留下了他们带给南阳的吉祥文化，遗迹遗物犹在。

总之，两汉时的南阳，处在一个政治局面比较安定、经济比较发达、文化多元繁荣、人口比较兴旺的统一的大帝国内，农业、手工业、商业都得到了快速发展。特别是南阳冶铁业的进步，为汉政府取得对匈

南阳汉画　游戏宛洛

奴贵族战争的胜利，以及为丝绸之路的"凿空"立下了不可磨灭的功勋。同时，也使南阳宛城、博望城、冠军城等成为"丝路"沿线国家和地区著名的商贸城、文化城、旅游城乃至最具活力的国际大都市，并获一系列耀眼的头衔。以南阳宛为例，秦末李恢称之"大郡之都"，司马迁称之"都会"型城市，王莽称之"南都"，刘玄称之"帝都"，刘隆称之"帝乡"。至张衡作《南都赋》概而括之云："夫南阳者，真所谓汉之旧都者也。"西汉时南阳为六大都市之一，东汉时南阳则与洛阳并列为全国最大的商业城市。

南阳出土汉画像石　胡汉同台

东汉后期，土地兼并日益剧烈，宦官外戚专权，加上连年灾荒，终于爆发了黄巾农民大起义，之后便是长达数十年的军阀混战，及三国两晋南北朝分裂动乱，曾经辉煌于两汉四百余年的南阳一去不再。但张骞、霍去病、孔仅、杜诗等官宦(在南阳做官的人)以及两汉南阳人民在丝绸之路"凿空"与建设中所做出的贡献，不啻成为"丝路"史宝贵的精神财富，并留下了一大批或可见证"丝路"史、南阳两汉史的文物古迹。这些文物古迹主要有：汉宛城故址（南阳市）、汉博望城故址（方城）、汉冠军城故址（邓州）、汉新都城故址（新野）；汉瓦房庄冶铁遗址（南阳市）、汉张畈冶铁遗址（桐柏）；汉天文、地震学家张衡墓（南阳市卧龙区），汉医学家张仲景墓及医圣祠（南阳市）。它们之中多为省级以上文物保护单位，其中，汉代瓦房庄冶铁遗址、张衡墓、张仲景墓及祠为国务院公布的全国重点文物保护单位。文物藏品有：铜器、铁器、陶器、玻璃器等，以及图说"丝路"经济、文化交流的"胡奴门"、阉牛、骆驼、狮子、大象、大雀、乐舞、杂技、车骑出行等汉画像石、汉画像砖。它们分别藏于世界上最大的石刻艺术馆——南阳汉画馆、世界上最大的模印砖艺术馆——新野汉画砖博物馆内和民间收藏家手中。其中方城出土的"阉牛"画像石、新野出土的"斜索戏车像砖"等不少藏品，多为国家一级文物。这些不可移动的文物（古城址、古冶铁遗址古墓）和可移动的文物（铁器，玻璃器，画像石、砖、纳骨器），既佐证了《史记》《汉书》《后汉书》等典籍有关"丝路"的记载真实不虚，也证明了曾经的南阳生活着大批西域人和南越人，这些人利用有"沙漠之舟"之称的骆驼，载着有汉王朝印记的丝绸、铁器等，走进"丝路"沿线国家和地区之后，换回来了汉王朝、汉人民见所未见的产品，传播了世世代代友好的文化。

　　由此，可以认为，两汉时的南阳（宛），的确是"丝路"沿线城市群中一座仅次于长安、洛阳，横跨东西，纵连南北，集农业、工业、商贸、文化、旅游于一体的"枢纽"城市。尤其是南阳悠久的历史、厚重的文化必将使得今后国内外财富和资金向这个"丝路"经济带"枢纽"城市流动和聚集，这里一定会成为汉代南阳那样人流、物流、信息流、资金流的阳光地带。

第二章　汉代丝路建设的国家行为

西汉时期，民间和西域、南越的商贸往来、文化交流相当广泛。统治阶层出于政治、军事、外交和对匈奴战争的考虑，把丝路建设纳入了国家行动计划，要首先解决思想、舆论层面的问题，激起民众对外域的向往，比如把西王母崇拜推向高峰，为商贸组织货源，发展植桑养蚕，然后公派大使，加强和域外的联络。

西王母形象在汉代的彻底仙人化是与汉代特定的社会环境分不开的。兴起于战国时代的神仙思想历经秦朝，到了汉代更是泛滥。郑士有在《中国神话仙话化的演变轨迹》中说："神仙故事弥漫整个朝野，造成了这样一个富丽的神仙故事时代。"

西汉武帝时神仙思想达到了一个极盛时期，仅就汉武帝本身而言，他的一生就是在"且战且学仙"中度过的。汉代统治阶级的求仙行为及各种神化故事的广泛流传，很大程度上影响了古老神话，作为长寿之神且掌有长生不死之药的昆仑山主神西王母因与神仙思想中的"长生不死"之说相契合，致使西王母在两汉时期身价倍增，古老的西王母在汉代狂热的神仙崇拜氛围中迅速神化。这不只是因为西王母手中那长生不死药的巨大诱惑力，还因为西方强大的魅力，从而使汉代人对西王母的崇拜达到了登峰造极的程度。统治阶级利用这些崇拜，又给西王母臆造了对偶神东王公，从而在意识形态上创造东西方文化的顶层合璧。南阳汉画中有很多西王母和东王公的形象，这是东西文化交流的写照，也是丝路上东西文化交流在南阳的记载。南阳汉画中有不少车骑出行的画面，也有突出表现张骞出使西域的记载；扶持农桑，打开贸易通道，这在南阳也有遗迹可寻。我们选有代表性的画面、实物予以介绍。

第一节　《恭迎銮驾》承载东西文化的碰撞

《恭迎銮驾》画像原石长 205 厘米，宽 42 厘米，厚 30 厘米，系南阳汉画像石中的鼎盛之作，质地为南阳蒲山石灰石。2012 年 11 月，南阳市吕庄老砖瓦窑场平整土地时，开推土机的师傅发现了这块石头，捐赠给南阳国风汉画研究院收藏。原石上的画面内容丰富，题材罕见，而且是迄今为止面世的南阳汉画像石中唯一一块龙拉龙舟的画面。它以独特的传播方式，为我们讲述远古的神话故事。它的出现，给《穆天子传》《楚辞》《山海经》等文献典籍所记载的"驾龙舟、乘龙"以实证，弥足珍贵。它以"迎"和"来"把画面分为两大部分，极力表现皇恩浩荡，万物祥瑞，阴阳和睦，道济乾坤之寓意。

右侧为"来"：两条龙拉着龙舟，上罩九五规制的华盖，羽葆摇曳，銮铃叮当；有驭龙人坐于前，乘者坐于后。龙舟后面两仙人并排骑着两头奔驰的仙鹿，且肩扛符节。紧随其后的是飞奔着的祥鹿和瑞狮。这部分的核心是乘坐龙舟者。

左侧为"迎"：前面二位神仙手持符节，躬身顶礼；后边是两棵《博物志》《酉阳杂俎》《西王母故地》中记载的长生仙药——服常树，状如华表雏形，矗立圣地，意为社稷安康，江山永固；接着是神凤共舞，白虎仰观；左下角子鼠拜玄武(蛇)，左上角是捣药的玉兔和太阳神(蜘蛛)。这部分的核心是舞动着的女神。

为把这幅画弄明白，我们分这样几部分叙述：

一、銮驾

龙拉的车，称为龙驾；龙驾也指天帝的车驾。若龙驾上面系有銮铃，那么也可称其为"銮驾"。《后汉书·荀彧传》："今銮驾旋轸，东京榛芜，义士有存本之思，兆人怀感旧之哀。"

龙舟，是指做成龙形或刻有龙纹的船只；起源为龙辀，别称水车、云车等，即传说中海、陆、空畅通无阻之龙形交通工具。该画面上的銮驾，即龙辀。与1973年长沙子弹库楚墓出土的那幅驭龙帛画有相似之处。驭龙帛画中的男子侧身，而身着长裙，腰佩宝剑，头戴一顶高帽。其神态潇洒，手系缰绳，驾驭着一条巨龙。从头顶的华盖迎风飘扬来看，被驾驭的龙在快速行进。郭德维在《龙舟考索》中论述：驭龙帛画所画的就是真正的龙辀，体现了舟和车的结合。从画面所见龙身作舟形，下面绘了一条鲤鱼，说明是在水中游走，表现了"舟"的功能。为什么说它还象征车、代表车呢？关键是人物头顶的华盖，也就是车伞。在汉画中，以车伞象征车的例子很多，不胜枚举。因而，我们称它真的是"车+舟"功能结合的产物——龙辀。《说文解字》："龙，鳞虫之长，能幽能明，能短能长，春分而登天，秋分而潜渊，从角飞之形。"正是龙这种特性，帛画中所绘的这种辀，实际上是水陆空都可畅行无阻的。

《恭迎銮驾》这幅画中两条龙所拉之龙辀，上有华盖，中有龙形船身，下有吃水船体抑或云幔，完全具有驭龙帛画中龙辀之功能，况且又有二龙并驾，实可天上人间任意通行。龙舟上的乘者，和驭龙帛画的乘者一样都头顶高冠，彰显高贵身份。

龙驾，谁可以乘坐？"恭迎銮驾"的乘者到底是谁？有典籍记载：

《穆天子传》卷五："天子乘鸟舟、龙舟，浮于大沼。"穆天子，即《史记》卷四《周本纪》所记载的周朝周康王之后的周穆王。

《楚辞·东君》："驾龙辀兮乘雷，载云旗兮委蛇。"诗中的东君是指东王公，又称"木公"，"东华帝君"是战国时期，楚地信仰的"东皇太一"神，又为神化了的太阳神(太阳星君)。

《山海经·第七》："大乐之野，夏后启(夏朝开国君主)于此舞'九代'，乘两龙，云盖三层。"

《楚辞·九歌·河伯》："乘水车兮荷盖，驾两龙兮骖螭。"河伯本指黄河之神，至战国时代人们把各水系的河神统称河伯。此诗句说河伯乘坐龙拉着的车，以荷花为车盖在水上行进。

《楚辞·九歌·云中君》："龙驾兮帝服，聊翱游兮周章。"诗句是说云神驾龙车穿着五彩服，在天上翱翔游四方。王逸为此句作注："言天尊云神，使之乘龙。"

乘龙驾的还有天帝，也称中央皇帝。在星官系统中，天帝是最高统帅。紫微垣就是天帝的家，它相当于帝宫的紫禁城。宫中除天帝及其家属外，还有为其服务的臣仆。太微垣是其最高行政机构，天市垣则是国家市场。按照这个星官体系，北斗就不再是勺子，而是天帝乘坐的一辆马车。它除了载着天帝巡行四方之外，还有指示判断时节的功用。天帝乘驾的马车也称作龙驾，如同龙位、龙袍等御用称谓。

由此而来，龙驾就泛指神仙以及真龙天子的车驾。

典籍记载还有好多没有乘龙驾的乘龙者：

《楚辞·九歌·大司命》："乘龙兮辚辚，高驰兮冲天。"

《楚辞·九歌·湘君》："驾飞龙兮北征，邅吾道兮洞庭"。

《山海经·第九》："东方句芒（木神），鸟身人面，乘两龙。"

《山海经·第十二》："冰夷（水神河伯）人面，乘两龙。"……

依《恭迎銮驾》画面的角度选择乘銮驾者，上述诸位中，天帝第一个排除，因为他的龙驾是马拉的车。第二个排除的是云神，因为他翱游周章没有拜访过谁。第三个排除的是河伯，他和洛女同游，虽登了昆仑山，但只是游历一番，然后升格为"天河"之神，统管天地间所有江河湖泊的总水源；而且河伯的随从多为鱼和鳖，如崔豹《古今注》云："鳖，一名河伯从事"，汉画中河伯出行的画面基本都是鱼为其拉车。第四个排除的是夏后启，他乘龙驾，是到大乐之野去跳"九代"舞，没有隆重的迎接场面。

剩下两位——穆天子和东王公，他俩都有可能是乘者之一。

那么，穆天子和东王公各自活动的范围内有相同点抑或交叉点吗？

有！他们都有和西王母交往的记载。《恭迎銮驾》画面中迎的一方核心人物是西王母吗？

二、女神西王母

西王母是中国最古老的最高级别的统管一切的女性神祇，早在殷商卜辞中，就有"西母"之称。上古《山海经》中，这样记载怪神、凶神西王母："西海之南，流沙之滨……有人戴胜，虎齿。有尾，穴处，名曰西王母……司天厉及五残。"战国初成书的《归藏》和西汉初成书的《淮南子》中，记载西王母是掌不死之药的吉祥神。《淮南子·览冥篇》曰："羿请不死之药于西王母，姮娥窃以奔月。"《易林》云："弱水之西，有西王母，生不知老，于天相保。"因而，庄子认为西王母是永葆青春拥有长生之法的神仙，《庄子·大宗师第六》："西王母得之，坐乎少广，莫知其始，莫知其终。"

至两汉，对西王母的信仰和崇拜，达到了鼎盛。西王母已从远古神话中的一位神祇转化成了一个宗教崇拜偶像。《史记·司马相如传》载司马相如的《大人赋》："西望昆仑之轧沕洸忽兮，直径驰乎三危。排闾阖而入帝宫兮，载玉女而与之归。登阆风而遥集兮，亢乌腾而一止。低回阴山翔以纡曲兮，吾乃今目睹西王母？暠然白首，戴胜而穴处兮，亦幸有三足乌为之使。必长生若此而不死兮，虽济万世不足以喜。"先写"大人"（汉武帝）不满人生短促，人世艰难，于是驾云乘龙遨游仙界；然后分东南西北四方写遨游盛况；文末归于超脱有无，独自长存。其中写游西方见"西王母"这几句，使得期望长生不老的汉武帝对西王母梦寐以求。后来，有人以此为依据，编写了《汉武帝内传》，记述西王母曾经拜访汉武帝的过程，并且赏赐给他寿桃吃。

从西汉哀帝开始到东汉中期，人们把西王母当作辟邪祈福的救世主。西汉末年，民间西王母崇拜运动轰轰烈烈，当时，谣传将有瘟疫来侵时，就用所谓沾有西王母灵气的草或木棍为之的"筹"相互传递，以作防卫，或到敬奉西王母的祠堂庙宇进行祭拜。《汉书·哀帝纪》《汉书·天文志》《汉书·五行志》等都有记载。《五行志》中说："哀帝建平四年正月，民惊走，持稿或椒一枚，传相付与，曰'行诏筹'。道中相过多至千数，或披发徒践，或夜折关，或逾墙入，或乘车骑奔弛，以置驿传行，经历郡国二十六，至京师。其夏，京师郡国民聚会。里巷阡陌，设张博具，歌舞祠西王母。又传书："'母告百姓，佩此书者不死。不信我言，视门枢下，当有白发。'至秋止。"百姓们"从关东至京师，从正月至秋季"，狂热祭拜西王母，可见影响之深刻。

这种全国范围内的西王母崇拜运动，不仅把西王母推向了创世神的至高地位，而且还丰富了西王母的艺术形象，为她添加了一个配偶神像东王公。李晓伟在他的著作《西王母故地》中写道："崇拜是一种古老的拥戴方式，而崇拜到了极致，便会产生神化。"这或可看作西王母形象演变过程的内在基因。

三、女皇西王母

先秦古书《竹书纪年》和《穆天子传》中，西王母是人王。《竹书纪年》："舜九年，西王母来朝。""穆王十七年，王西征，至昆仑丘，见西王母，其年西王母来朝，宾于昭宫。"《穆天子传》卷三："吉日甲子，天子宾于西王母，乃之白圭玄璧，以见西王母。……西王母再拜受之。"

在四川、陕西、山东、河南、江西、山西等地出土的汉画像石（砖）上发现不少西王母画像以及其附属物象：

河南南阳出土的一块汉画像砖，画面右侧是端坐的西王母，伸出一只手在接凤凰吐给她的琅玕果，凤凰头下是一只仰面观看的三足乌。

南阳市茹楼段庄出土的东汉画像石，画面的左边刻西王母侧面端坐；画中间刻一仙人，背有羽翼。手握仙草跪于西王母面前；右边刻一捣药之玉兔。

郑州新通桥出土的西汉画像砖，画面上西王母头戴胜，打坐在基座上，转头看着左边站立着捣药的玉兔。

四川射洪县出土的画像砖，画面中间是西王母头戴胜正面端坐于龙虎座上，左边有一仙女手执一物面向西王母跪坐，右边是一玉兔掌杵面

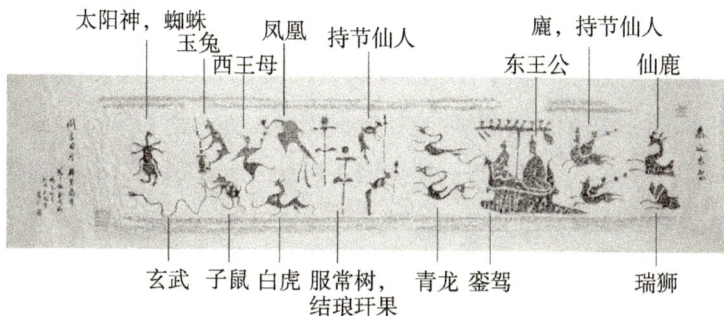

南阳汉画《恭迎銮驾》考释指示图

向西王母跪在地上捣药。

河南郑州出土的一块画像砖上面，西王母侧面坐于山峦之上，头戴胜，前面有一捣药玉兔，山下有一只九尾狐，山后洼陷处有一女子双手捧一只三足乌站立。

河南南阳新野樊集画像砖墓出土的陶制小房子上面浮雕一幅西王母画像，画中西王母侧身坐于山巅，头戴胜，双手各执一物，前面有玉兔捣药。画面右边刻着群山和三位羽人，画面左边有三足乌、蟾蜍和九尾狐。

陕西靖边寨山汉墓出土的门柱画像石，画面上角刻西王母端坐于悬圃之上，左有玉兔捣药，右有羽人执仙草。树枝上栖落着三足乌，树下山峦上有九尾狐在奔走。

江苏徐州沛县栖山汉墓出土的一块画像石，画面左边刻一座两层楼阁，西王母头戴胜，正面凭几端坐于二层楼之内。楼下层屋内一只大鸟呈奔走的形态，口中衔着食物，应是给西王母取食的三青鸟；楼外侧有二位神人跪坐捣药。楼右侧上部有一只三足乌和九尾狐，都口衔食物向楼阁奔来。下部刻着人首蛇身者、马首蛇身者、鸟首蛇身者和佩剑长者，列队向西王母朝拜。

河南南阳熊营出土画像石上面，图的中部是西王母和东王公相向坐于高足豆状的高台之上。下边有肩生羽翼的玉兔，正单腿跪地持杵捣药；上面是仙人骑鹿和凤凰。

还有不少表现类似西王母的画像石（砖），在汉代壁画墓中也可见到西王母的画像。时代较早而且比较典型的，如河南洛阳西汉昭宣时期的卜千秋壁画墓中的西王母画像：西王母侧身坐于云端，她的前后有口衔仙草的玉兔、蟾蜍和九尾狐。壁画中还有伏羲、女娲、日、月、乘三头凤和骑神蛇的男女、白虎、持节方士等。

上述典型画像，西王母均为端坐、戴胜的贵妇人形象，也就是人格化的形象，但是没有出现且歌且舞的例子。《恭迎銮驾》画面中的迎者是西王母吗？画中舞者头饰分两叉，我们认为是"胜"的变形体。本来好多学者都以为应从动物崇拜方面考察"胜"的原型，认为是对某种动物形象的模仿，吴晗在《西王母的传说》中说西王母所戴之胜，只不过"是头上长了一个介于兽和禽之间生物而已"。在西王母图像系统中，"胜"不仅是尊贵地位的象征，同时还具有独立的神性特征。如《淮南子·览冥》云："逮至夏桀之时，主暗晦而不明……西姥折胜，黄神啸吟；飞鸟铩翼，走兽废脚。"这里的"西姥"即西王母，"西姥折胜"的意思是说，西王母折断头上的玉胜以示对夏桀暴政的愤怒。所以"胜"曾作为西王母的特殊发饰。

李晓伟探究认为，西王母原是"一位长发披肩、面带虎饰、头戴玉器、身披豹皮、善于唱歌的部落女酋长"。(《西王母故地》)因为《穆天子传》中明确记述了西王母与太子对歌的情节："天子觞西王母于瑶池之上，西王母为天子谣，天子答之。"在穆天子眼里，西王母是天下少有的大美人。穆天子为了见她，特地选了个甲子吉日，并带上了奇珍异宝作为礼物——白色的圭、黑色的璧、一百匹锦缎、三百匹白绸。西王母欣然接受了他的礼物。第二天，穆天子大摆宴席，请西王母一道饮酒行乐。穆天子设宴的瑶池，如同仙境，亭台楼阁，雕梁画栋，假山喷泉，奇花异草，处处令人流连忘返。穆天子和西王母沉浸其中，欢愉无比。但是，穆天子不得不告别西王母，御驾东征。这两位相见恨晚的国君，一唱一和，以歌来互相抒发依依惜别的情感。

西王母先歌曰："白云在天，山陵自出，道里悠远，山川间之。将子无死，尚能复来？"意思就是：蓝蓝的天上白云在自由飘荡，高高的山陵仿佛是从天而降。不远万里的贵客啊，跋山涉水来到遥远的西疆。如果你能够福祷长寿身体安康，请问你是否愿意再来一吐衷肠。

穆天子马上答歌曰："予归东土，和治诸夏。万民平均，吾顾见汝。比及三年，将复而野。意思是说：在这东归故土的告别时刻，怎能忘子民对我天下大治的厚望？到华夏诸部天下一统万民和乐，我定会回来和你共享地久天长。等到三年期满的时候，我们再纵马驰骋在美丽的草原上。

西王母听到穆王这样坚定、深情的回答，又高声吟道："徂彼西土，爰居其野，虎豹为群，乌鹊与处。嘉命不迁，我惟帝女，彼何世民，又将去子？吹笙鼓簧，中心翱翔，世民之子，惟天之望。"这首歌的意思是：你来到无比遥远的西疆，已看到这里是多么的荒凉。成群的虎豹出没无常，美丽的喜鹊怎能够共处一方？只为逃婚不得已迁居此地，谁能想到我父亲也是先帝的名王。你是哪一代帝王的后裔？又打算回到何处的故乡？我为你翩翩起舞吹笙鼓簧，心中的喜悦如鸟儿展翅飞翔。远来的先帝之子啊！我只求天遂人愿，分别后莫把我遗忘！

后来，周穆王平定了叛乱，并没有再如约西行，而是西王母在四年之后东来，朝见了周穆王。作为国宾，周穆王把她安排到昭宫下榻，好生招待了一番。这段颇为浪漫的两国君主之恋，被后世传为佳话。

20世纪在青海省大通回族土族自治县孙家寨村出土的舞蹈彩陶盆，距今已有5000年的历史了。这只陶盆上面舞蹈少女腰下类似飘带的东西，就是一根豹尾。《恭迎銮驾》中西王母裙下也有象征豹尾之笔。"图腾崇拜"是原始社会普遍的社会文化标志，豹尾应该是西王母的标志。流行于青海省黄南藏族自治州的于菟，就是西王母时代虎豹崇拜的一种延续。

鉴于这些表象，可以认为，西王母是一位丰姿绰约、善歌善舞的女皇。《恭迎銮驾》画面的舞者就是西王母，她难免和别人一样在心仪之人快要到来时"登昆仑兮四望，心飞扬兮浩荡"，载歌载舞，极力表现"有朋自远方来，不亦乐乎"！

如果这样还不足以判定画面中的舞者就是西王母的话，我们再来看看她的标志物象。

四、西王母的附属物象

《恭迎銮驾》中，迎这一部分，开始是两位仙人持节躬身。《汉书·高帝纪》颜注"节以毛未知，上下相重，取象竹节，因以为名。将命者，持之以为信。"《后汉书·光武帝纪》章怀注："节所以为信也。以竹为之，柄长八尺。"在洛阳卜千秋墓壁画及四川石棺画像中都可以看到持节方士恭迎西王母的形象，持节是汉代人迎候尊贵客人的礼节。这种符节多是帝国权力的象征，重要的外交使臣大多持节。

后面的两棵树，是华表的雏形，既是领地的标示也如同门阙，即门观。《公羊传·昭公二十五年》所讲："子家驹曰：'设两观，乘大路，天子之礼也。'"而且这种树就是西王母为之命名的"服常树"，也叫不死树，结琅玕果，是西王母配制不死药的原料之一。

凤凰，是西王母画像中常见的神兽。《说文解字》曰："凤，神鸟也。出于东方君子之国，翱翔四海之外，过昆仑，饮砥柱，莫宿风穴，见则天下安宁。"上天派凤凰助黄帝打天下，黄帝将凤凰饲养于南方的"丹穴"之地。因黄帝送琅玕果给西王母，西王母在昆仑山培育出了服常树并结了琅玕果，就又从黄帝那里借来凤凰替自己采摘琅玕果然后交给玉兔捣药，从此凤凰就紧随西王母。《恭迎銮驾》中的凤凰看似已经把琅玕果吐给了西王母，西王母正伸手应接。汉画中，墓门、柱吏、阙顶等上面有凤凰画像，那是因为西王母在凤凰采摘琅玕果之余，又给凤凰一项新任务：引领或运载朝见西王母的升仙者。

玉兔，是西王母图像中最重要的附属物象，也是西王母最典型的标志，它与西王母的关系最为密切。在西王母画像中，常见玉兔持杵在臼

南阳汉画像砖　西王母接凤

中捣药或玉兔举（衔）仙草的形象。关于玉兔捣药，典籍有很多记载，汉《乐府诗》有诗句说："采取神药若木端，白兔长跪捣药虾蟆丸。"兔子原本是传说中的月中之兽，山东汉画像石中还有玉兔在月轮中捣药的形象。陕西绥德汉画像石有月中兔与西王母身边的捣药兔同时出现的画面。在汉代人心目中，玉兔只会出现在两个地方，一是月宫中，二是西王母身旁。

白虎，也是西王母画像中和文献记载中西王母身边常有的神兽。《西王母传》诠释："云西王母蓬发戴胜，虎齿善啸者，此乃王母之使，金方白虎之神，非王母之真形也。"另外，西王母所居住的昆仑山的守护神也是一只神虎。所以汉代人就把白虎刻画在西王母身边，作为随从和使者。

蜘蛛，也是太阳神，在《恭迎銮驾》中代替太阳神三足乌。三足乌，曾是西王母图像系统之中常见的物象。司马相如《大人赋》中说："吾乃今日目睹西王母皓然白首。戴胜而穴处，亦幸有三足乌为之使。"张守节注云："三足乌，青鸟也，主为西王母取食。"南阳唐河针织厂西汉晚期的画像石墓中，有三足乌被刻画在日轮中；江苏沛县栖山东汉初期画像石椁墓上有西王母图像，一大鸟口衔食物飞来。这鸟显然就是文献中记载的为西王母取食的"三青鸟"。在汉画中，三足乌有双重身份，一是为西王母取食的神鸟，二是太阳中的神鸟。汉代人把日中三足乌视为西王母的随从，是因为三足乌又叫阳乌，它是太阳神鸟，有长生不死之神性，才能永远被西王母役使。

　　靳之林在《生命之树》中考证：丝绸之路上的渭河流域及向东一线的农业平原上流行蜘蛛崇拜，就是因为蜘蛛是八只脚，即"八角重芒，光辉照耀"，蜘蛛是动物形态的太阳，而且是太阳的主宰者太阳神。千古传承的二龙戏珠图案中，珠的原型是"蜘蛛"，即远古的太阳崇拜。人类最早把蜘蛛摆在中心神祇地位的是公元前4000年末期——公元前3000年初期两河流域苏末尔人文化的泥封图案。

南阳汉画　凤伴西王母

　　凤凰、玉兔、白虎、太阳神等，这些西王母画像系统中的必要图像，足以证明图中舞者就是西王母。

南阳汉画　西王母

那么，这幅画中西王母身边还有子鼠和玄武，又是什么意思呢？

子鼠，是十二生肖的第一位，是生肖之代表，每个人都在十二生肖内有自己的归属，因而子鼠代表每个人的保护神，受保护者便是子民。子鼠还是生育之神，大家知道正月初七是人日，亦称"人胜节""人庆节""人口日""人七日"等，传说女娲初创世，在造出了鸡狗猪牛马等动物后，于第七天造出了人，所以这一天是人类的生日。老鼠多子多孙，古代的楚地因繁衍崇拜而敬仰老鼠这一生育神，把正月初七人日定为"老鼠嫁女"日。"老鼠嫁女""老鼠娶亲"的年画和剪纸在民间被视为"吉祥物"，过年过节时贴在墙上和窗户上，以祈求出入顺利，子孙兴旺。

南阳汉画　玄武

玄武，是北方之神、水神。原始的玄武不是后来的龟蛇一体，而是蛇。禹的父亲叫作"鲧"，字玄冥，在大禹治水之前帮助舜治水，通常鲧会被当作灵龟的化身。而夏族的一支——涂山氏认为蛇是自己的祖先，尊为玄武。后来玄武被道教奉为神明，有了龟蛇合体的说法。也有人认为是古人敬北方神灵玄武——蛇，并祈祷其如龟寿般生命不息才有了龟蛇相纠的形象。蛇本身还是生殖和繁衍的象征。

《文选》卷十五张衡《思玄赋》曰："玄武宿于壳中兮，腾蛇蜿蜒而自纠。"李善注云："龟与蛇交曰玄武。"这是说玄武后来的形象。

45

蛇添在画面一角，凑齐了四神：青龙、白虎、朱雀(凤凰)、玄武，也称为四象。四神在古代中国中一个主要表现就在于军事上，战国时期，行军布阵就有"前朱雀后玄武，左青龙右白虎"的说法。"四神"代表东西南北四个方位，为划分天区，制定历法，提供了比较科学的参照。春秋战国时期，随着阴阳五行学说的流行，四象也被配色(青、白、赤、黑)配五行成为青龙(木)，白虎(金)，朱雀(火)，玄武(水)。四神"镇四方，避不祥"的守护神职能更为人们所重视，并被赋予了更高的神性。秦汉时期四神又与春、夏、秋、冬四季相配。这些演变发展过程已被当时文献如《淮南子》《史记》等书系统地记载下来，成为人们普遍接受的思想体系。

《恭迎銮驾》画面中在西王母身边刻画最古老的太阳神和最原始的玄武，充分表示西王母神话的原始性和古老性。画面极力彰显了西王母统合阴阳、融合四方、主管生死、司理日月、驾驭天地的独尊地位。

五、东王公

再来看看，銮驾上的乘者到底是穆天子还是东王公呢？《穆天子传》卷五："天子乘鸟舟、龙舟，浮于大沼。"郭璞注："舟皆以龙鸟为形制。今吴之青雀舫，此其遗象也。"也就是说，穆天子所乘的龙舟是指供皇帝乘御的船而不是龙所驾驭的舟或车。

《穆天子传》卷四曰："……天子命驾八骏之乘，又服骅骝而左绿耳，右骖赤骥而左白义。"这就是说穆天子出行乘坐的是八骏马所拉之车，而不是龙拉的车。李商隐在《瑶池》中有这样的诗句："瑶池阿母绮窗开，黄竹歌声动地哀。八骏日行三万里，穆王何事不重来？"也就是说穆天子后来没有再拜会西王母。因此，可以判定《恭迎銮驾》中的乘銮驾者不是穆天子而是东王公。

两汉时期，西王母的配偶神被塑造出来了，当时阴阳观念盛行，崇拜阴阳合一，有了一个阴性神，必然要有一个阳性神。女神称西王母，西方属金，又名金母。与之相对，男神就应称东王公，东方属木，故又称木公。《易经》曰："帝出乎震。"震为东方之卦，故又名"东华帝君"。受这种阴阳文化意识的支配，把"东君""句芒"等神仙的记载和传说，都归于东王公之前身。并且从此以后，凡是描写西王母的书，必然要相应提到东王公，而且常常将他摆在西王母之前。这种后来居上的现象，又是中国传统文化中天尊地卑，男主女从意识在起作用。东王公的形象是从西王母脱胎而来的，《东荒经》中说："东荒山中有大石室，东王公居焉，长一丈，头发皓白，鸟面人形尔虎尾。"其模仿《山海经》中西王母神话的痕迹十分明显。在山东、江苏、陕北、河南等地的汉画中西王母与东王公往往成对应关系同时出现在一座墓中或一座祠堂中，甚至一块画像石上。二者形貌基本相同，甚至可以说，东王公画像就是西王母画像的翻版。

东王公是汉代人塑造的东方仙境的主神，而战国时期，燕齐早已兴起了东海神仙之说，蓬莱、方丈、瀛洲为东海三神山。《史记·秦始皇本纪》："齐人徐市等上书，言海中有三神山，名曰蓬莱、方丈、瀛洲，仙人居之。"关于东海神山仙境的传说，当是源于古人对海市蜃楼这种难得一见的自然奇景的神化。东王公出现后便被奉为东海仙山之长。《三教搜神大全》卷一说："东华帝君……化而生木公于碧海之上……夫内海有三岛，而十洲列其中：上岛三洲，为蓬莱、方丈、瀛洲也。"

后来东王公和西王母进一步演变成了道教中的一对男女仙人。《仙传拾遗》中说："木公也云东王父，也云东王公，盖青阳之元气，百物之先也。"《列仙全传》卷一中说："木公主阳和之气，理于东方，亦号东王公。凡上天下地，男子登仙得道者，悉所掌焉……凡品仙升天之日，先拜木公，后谒金母，受事既讫，方得升九天，入三清，见太上而观元始。"

西王母既是女仙领袖，东王公自然也成为男仙领袖了。曹操《陌上桑》诗："济天汉，至昆仑见西王母谒东君。"白居易《和〈送刘道士游天台〉》："斋心谒西母，瞑拜朝东君。"

《神异经·中荒经》记载东王公和西王母相会的情景："上有大鸟，名曰希有，南向张左翼覆东王公，右翼覆西王母。背上小处无羽，一万九千里，西王母岁登翼上，之东王公。"西方昆仑神话与东方蓬莱神话这两大系统相互融合、相互往来并发生亲密关系，具体就表现在西王母和她的对偶神东王公的出现以及一年一度的相会。《穆天子传》记述周穆王西征到昆仑山约会西王母，由此，张秀清在《汉砖上的远古神话与动态形象》中说："东王公是神化了的穆天子，即周穆王。他为了扩大西周版图，曾西征至昆仑山麓与居住在那里的以西王母为图腾的原始氏族结盟。西王母也曾来中原朝见周穆王。"这在汉画像中以东王公乘龙拜谒西王母的图像形式表现出来。

《恭迎銮驾》这幅画面的右侧就是东王公"驾龙辀兮乘雷，载云旗兮委蛇"，由东海出发去赴昆仑聚会——前有驭两龙者保驾，东王公头戴通天冠稳坐于后。两位肩扛符节的使者，乘坐仙鹿，前呼后拥，风驰电掣，好大的阵势和气派。

青龙为东方之神，亦称"苍龙"，常年活动在东海，是东王公的御用神兽。龙之特性能屈能伸，沉可以潜渊，腾可以飞天，千万里无阻碍，因此东王公就不怕去昆仑山高水远了。古人认为鹿是一种能长寿的神兽，且善于奔跑，乘之可以升仙。《抱朴子·玉篇》曰："鹿寿千岁，满五百岁则色白。"《神仙传》卷五曰："鲁女生者，饵术绝谷，入华山，后故人逢女生，乘白鹿，从玉女十数人。"汉画像石中，有肩生羽翼的仙鹿，有仙人骑鹿，也有乘鹿车者。古人崇拜鹿，更重要的是对其头上那一对具有神奇再生能力的肉角的崇拜。东王公身后的三只仙鹿，头上角的形状各不相同，就是这种崇拜的发挥。鹿在南阳汉画中，也有通谐"禄"的地方，即含升官之意。

据《后汉书·章帝纪》记载，章和元年(公元 87 年)，月支人将活狮子输入我国，佛教同时期传入中国，使人们得以欣赏文殊菩萨的坐骑——狮子。狮子也得到了南阳人的推崇，视为辟邪神兽在南阳汉画中表现。在《恭迎銮驾》画面里，狮子护送东王公，也是一种神性力量的象征。

　　画面布局充分彰显中国艺术观：天人合一，阴阳平衡，动静结合，刚柔相济。而且在动静结合上，细致刻画静中之动，动中之静。各司其职的迎者一方是以西王母为中心的歌舞欢腾，表现静中之动；飞奔而来的一方中端坐銮驾的东王公，表现动中之静。

　　这幅《恭迎銮驾》画面内，龙拉车、玄武蛇、子民鼠、服常树、太阳蜘蛛、舞动的西王母等形象，在南阳汉画中都属第一次出现！按靳之林教授的话说，"集中六个第一构成唯一，我等得饱眼福，造化不浅！"高兴之余，靳老欣然挥毫，题名画右。他说："《恭迎銮驾》这一记录东西文化融合碰撞的画面，令人心潮澎湃。"

南阳汉画　西王母

第二节　《瑶池会》激发对西域的向往

　　两汉时期，人们对西王母的崇拜达到了登峰造极的程度。统治阶级以追求长生不老为由，描绘西方世界，激发人们探索西域的兴趣。为达到目的，组织编演有关西王母的剧作品，实现高台劝化。

　　南阳汉画像石《瑶池会》，是我们根据画像石上核心人物的冠饰和所持道具，判断其角色为西王母牵手东王公。西王母右手持青玉质地的阴阳符，左手牵东王公于瑶池叩拜天地，即将进入昆仑山之洞房。

"洞房"由此而被赋予了婚房之新意。南阳汉画像石《瑶池会》便是这一戏剧场景的唯一凿证。戏剧《瑶池会》因而填补了戏剧史成熟剧目之空白。

　　原石长155厘米，宽38厘米，厚30厘米。系东汉画像石。质地为南阳蒲山黑青色石灰岩。按汉画学界通常的分类，该汉画可分为"舞乐百戏"类。画面上方有帷幔，表示是舞台表演。左边二人边舞蹈边打鼓，鼓的支架两侧各坠一锣，以便敲锣打鼓。右边两人，一男子操琴，一女子舞蹈。舞台中间的两人牵手并肩演绎戏剧角色；陪伴右边的金童右手秉火把，左手持排箫；左边的玉女双手擎宫灯。画面选择并表现了戏剧进行中的关键场景，这在南阳汉画像石中属第一次出现。那么，这是一出什么戏？核心人物是谁？我们从以下几个方面考释推论。

南阳汉画　瑶池会

一、中国戏剧的形成期

　　舞乐百戏是汉代舞蹈、音乐和各种杂技艺术的总称。南阳汉画像石中这类画像比较多，舞蹈方面有建鼓舞、踏拊舞、长袖舞、七盘舞等；乐器既有打击乐器，也有管弦乐器。杂技有剑跳丸、冲狭、弄壶、倒立等。这些歌舞、角力、竞技、比武等统称为"戏"，起源于先秦，繁盛于两汉。《国语·晋语九》："少室周为赵简子之右，闻牛谈有力，请与之戏。"这里的"戏"就是角力。《左传·僖公二十八年》："子玉使斗勃请战：'请与君之士戏'……"此处的"戏"是打斗、比武。由此可见代表战斗角力的"戏"在春秋战国时期就很是流行，只不过当时没有"角抵戏"的称谓罢了。著名的考古学家萧亢达先生说，角抵艺术最晚是在东周时期产生的，这种说法没有异议。《史记》是现今史料可查到的，最早出现"大毅抵"一词的。贾谊的《新书》卷四"匈奴"中也有"上即大毅抵也"的记载。我国现存汉画里保留了非常多角抵的场面，形式多样，有二人械斗、两人手搏、人与动物（虎、熊、牛、猿）相斗等。张衡在《西京赋》中写道："总会仙倡，戏豹舞罴，白虎鼓瑟，苍龙吹篪"，这些语句描述的就是各路神仙、各种动物在吹奏乐器、唱歌跳舞的场面，这些都称之谓"戏"。

中国戏剧以巫、优为源头，从先秦一路走来，直至汉代，才进入了真正的形成期。我们可以直接从南阳汉化像石上以及相关文献典籍中得到佐证，汉代的戏剧活动非常活跃。我国近代著名学者王国维先生在其1908年的文章《戏曲考原》中，给戏曲下的定义是："戏曲者，谓以歌舞演故事也"，在其他著作中，他又有"歌舞演其事""歌舞演一事"等写法。按照这个定义，戏剧史家一致认为戏曲在汉代时已经形成。但是，应该特别指出的是，汉代典籍中提到的一些概念，如总会仙倡、百戏散乐、角抵戏、鱼龙曼衍等，以及南阳汉画像石上表现的杂技、舞蹈、音乐、幻术等，从戏剧的本质来看，大部分不具备角色扮演的性质。

真正有戏剧本质的第一部戏是《东海黄公》，这一出角抵戏的来源是巫术。《西京赋》记载："东海黄公，赤刀粤祝，冀厌白虎，卒不能救。挟邪作蛊，于是不售。"唐代知名学者李善注："东海有能赤刀禹步，以越人祝法厌虎者，号黄公。"这里面的"禹步"就是巫步，著名历史学家胡新生在其著作《中国古代巫术》对此有非常详尽的分析。《说文解字》中对"祝"也有解释："祝，祭主赞词者，从示，从人、口。"根据这个解释，"祝"可拆解为主持祭祀的巫祝或祭祀时的赞词。还有一个词"蛊"，也是指一种巫术，其特点是利用人工精心培育的鬼魅性质的毒虫对敌人实施攻击。由此可见《东海黄公》里的黄公就是巫师，他降伏老虎的手段就是巫术。黄公在舞台上作法，并有戏服（即绛增束发）和专门的台词（即祝语），还有特殊的技能，即能"立兴云雾，坐成山河"，可以制伏猛虎等，所有的这些行为、装扮、举止，就是我们当今所说的角色扮演。

和《东海黄公》同时具有戏剧特质的另一出戏为《公莫舞》。《公莫舞》，又称《公莫巾舞》，它的内容记载于《宋书》卷二十二以及《乐府诗集》卷五十四，两处史书中的记载词句稍有不同。《公莫舞》最重要的地方在于塑造了"母"和"子"两个角色。还有相应的提示动作的舞台指示语。

但是，这些具有戏剧特质的戏，其内容和角色都与这块南阳汉画像石所表达的内容无关。另一出戏《瑶池会》，又名《蟠桃会》。戏剧史上没有明确它的形成年代，全剧剧本已佚，只剩下其中《南曲九宫正始》《九宫大成》《南词定律》这三首主题歌。

戏中表现在天上掌管宴请各路神仙之职，在人间管婚姻和生儿育女之事的天宫最受尊奉的女神仙——西王母，俗称金母、王母、王母娘娘、瑶池娘娘。她居住在昆仑山瑶池洞穴之中，于三月三日开蟠桃盛会，宴请各路神仙。她种的蟠桃最为神奇，小桃树三千年一熟，人吃了体健身轻，成仙得道；一般的桃树六千年一熟，人吃了白日飞升，长生不老；最好的九千年一熟，人吃了与天地同寿，与日月同存。群仙中，有西王母的对偶神东王公，二者拜天地后进入石洞之房，彰显其阴阳化育，道济乾坤。

那么，这块南阳汉画像石，是不是凿刻着这一戏剧场景呢？那要看这块南阳汉画像石中核心人物所扮演的角色是否具备西王母和东王公的特质。

二、王冠、通天冠

西王母，也称西母、王母娘娘，是汉代最受崇拜的女神，概念意义上的西王母为玉皇大帝的皇后，容貌端庄，雍容华贵。在山西芮城永乐宫著名的道教壁画中，西王母完全是一位貌若三旬、仪态万千的美妇人。

其实，西王母并非一开始就如此美貌，在远古时代，她曾是一个有着人形、虎齿、豹尾的可怕相神祇。《山海经》中如是介绍西王母：她半人半兽，长着豹尾、虎齿，经常迎着风长啸，不过其虽头发蓬乱，却佩戴着华丽的头饰(胜)，居于昆仑山洞穴之中。

西王母姣好高贵的形象，是到了汉朝时才固定下来的。各地建有很多奉祀西王母的祠和观，以供人们顶礼膜拜。

在神仙谱系中，西王母是和人间帝王最有缘分的一个神仙。据传与穆天子、汉武帝都有会见接洽。关于西王母和历代帝王结下的不解之缘，道经中有多处记述。西王母的圣号是"西元九灵上真仙母"，封于西龟之岳，总领仙籍，承统玉清。她的衣、饰皆是元始天尊所赐，头戴玉冠，手拿青玉板，身穿饰有青色羽毛的九天凤衣，脚穿风云鞋。仪仗是二十四乘神凤拉的车乘，有仙人执五色旗帜跟随，还有玉女七百人跟随两侧。在道教中，西王母有着至为尊崇的地位，也是神仙谱系中最为重要的神祇。

道经上说，元始天王与玄玉女通气结精，生下的诸尊神中就有西王母。道经还说，西王母本为太阴之精，女仙之首，与太阳之精东王公一起，共理宇宙二气，养育天地万物。而且天上地下，女子登仙得道者，都隶属于西王母。世人修道成仙，进入天庭，也都要先拜见西王母和东王公，然后才可以进入三清境。由此可见，西王母在道教中地位的重要和显赫。

西王母所戴玉冠即玉冠饰，几经演变成为山形王冠，这种王冠，非西王母莫属。汉画《瑶池会》中，西王母头戴王冠，两旁饰纩(系在冠圈左右，悬于耳旁的玉石)，身着露肩礼服，雍容华贵。

玉冠饰 西周早期　　　　　　　　铜人 西周中期

东王公是东汉初期人们为西王母塑造的对偶神。至今面世的汉画像石、砖中和西王母出现在同一画面的男性神祇 都是东王公，汉画也不例外，被西王母牵手的无疑是东王公，他所戴的通天冠与南阳汉画中《恭迎銮驾》中东王公的冠制是一致的，也更加证明了他的身份。汉画《瑶池会》中西王母主动牵东王公之手，很有王者风范，绝非一般女子所为。她在表达"执子之手，与子偕老"。他们牵手拜天地后，就该进入昆仑山西王母的洞房了。

三、阴阳符

怎样证明《瑶池会》画面中的人物是西王母，从图中右四人物手中所持的十字交叉符号可确定。此物为青玉制作的十字交叉形状的"阴阳符"。之所以这样命名西王母所持之物，是因为它源自《河图洛书》的核心密码"+"，是太极所生成的阴阳两仪之变形。

靳之林先生说："+"是太阳的表象符号，也是原始农业太阳崇拜族群的宇宙表象符号，即以我为中心的东西南北中五行宇宙符号，亦即以我为中心的四方五行的古文"行"的表象文字和以我为中心的四方五行与四方四佐、九宫八卦表象符号(靳之林《抓髻娃娃》168)。靳老这样说，是概括了阴阳符变化的结果，即河图和洛书核心符形"+"的推演结果。

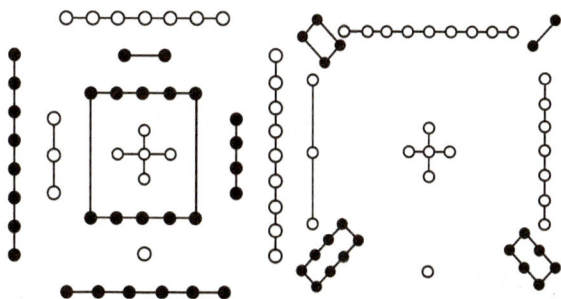

《河图洛书》阴阳符推演图

上面左为河图，右为洛书。二者的中心都是"+"字形态的符号，我们把它称作"阴阳符"，也借鉴了无极生太极，太极生两仪，阴阳化合而生万物之说。我们把阴阳符放大来看，就不难明白它是怎样表示四方、四时、五行、九宫、八卦、太阳的。

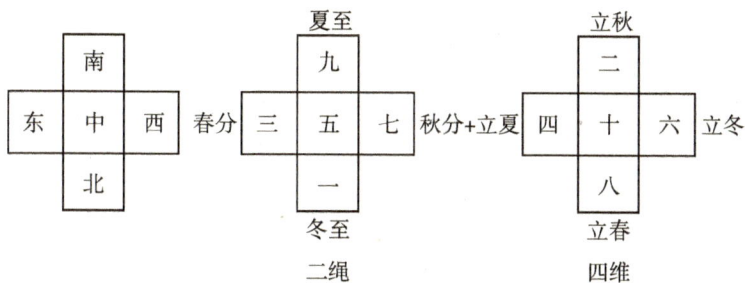

宇宙有无限大，所以称为太极，但是宇宙又是有形的，即有实质的内容。按易学的观点，有形的东西来自于无形，所以无极而太极。太极这个实体是健运不息的，即宇宙在运动，动则产生阳气，动到一定程度，便出现相对静止，静则产生阴气，如此一动一静，阴阳之气互为其根，运转于无穷。

自然界也是如此，阴阳寒暑，四时的生长化收藏，即万物的生长规律，无不包含阴阳五行。就人部阴阳而言"乾道成男，坤道成女"，阴阳交合，则化生万物，万物按此规律生生不已，故变化无穷。

这样含义的"阴阳符"，只能在主宰天地的西王母手中掌管，无第二者可持。

当然，后世民间为了祈福，也不时借用"阴阳符"。

木雕阴阳符　清代

这是一张婚床上的木雕构建，上面刻下剧场景角色人物，下面是八个同样大小的"阴阳符"，两侧用云母碎片拼兑八个字"五世其昌，百年好合"。这些木雕"阴阳符"，特别与《河图洛书》中间符号象形，更有立体感的是横木中空，竖木穿孔而过，横阴竖阳，以传统阴阳观充分表示阴阳相合，以祈生生不息。

四、洞房

"洞房"在东汉以前并不是指新婚夫妇的卧房，它是指以洞为房的寓所或宫廷中豪华而又幽深的居室。如《楚辞·招魂》："姱容修态，组洞房些。"司马相如《长门赋》："悬明月以自照兮，徂清夜于洞房。"

在南阳汉画《瑶池会》中我们可以看到东王公和西王母两侧有侍女、

侍童，一人手持火把，一人手持宫灯，再加上很多古典书籍中记述西王母住在昆仑山，居室奢华。《中荒经》中记载："昆仑之山，有铜柱焉，其高入天，所谓天柱也。围三千里，周围如削。下有石室，方百丈，仙人九府治之。上有大鸟，名曰希有，南向，张左翼覆东王公，右翼覆王母。背上小处无羽，一万九千里。王母岁登翼，上之东王公也。"也即西王母住在石室中，这与汉画《瑶池会》中手持火把、宫灯进"洞房"的描述是吻合的。

东汉的戏剧《瑶池会》深入人心，家喻户晓后，人们模仿剧情而拜天地入洞房，才逐步赋予"洞房"即"婚房"之意，而约定俗成。其后的文学作品便把"洞房"一词专门指代新婚用的卧房。

西晋文学家陆机在《君子有所思行》中咏道："甲等高闼，洞房结阿阁。"北周庾信有《三和咏舞诗》诗曰："洞房花烛明，燕余又舞轻。"

无疑，这幅南阳汉画，记载的是《瑶池会》的演出场景。而且，南阳汉画《瑶池会》无疑是"洞房"新意的标志，是"阴阳符"的定型实用，是中国戏曲成熟的确凿证据，证实了戏剧史无法认定的戏剧《瑶池会》所形成的朝代。

这出戏，极力渲染西王母所在的西方世界的美妙，以激起人们的探索欲望，鼓励人们走进西域，去交流往来，创造美好生活。

第三节 《张骞通西域》深刻的纪念

张骞通西域又称张骞出使西域，指的是汉武帝时期希望联合大月氏夹击匈奴，派遣张骞出使西域各国的历史事件。

汉武帝建元年（公元前 140 年），欲联合大月氏共击匈奴，张骞应募任使者，于建元三年出陇西，经匈奴，被俘，后逃脱。西行至大宛，经康居，抵达大月氏，再至大夏，停留了一年多才返回。在归途中，张骞改从南道，依傍南山，企图避免被匈奴发现，但仍为匈奴所得，又被拘留一年多。元朔三年（公元前 126 年），匈奴内乱，张骞乘机逃回汉朝，向汉武帝详细报告了西域情况，武帝授以太中大夫。因张骞在西域有威信，后来汉所遣使者多称博望侯以取信于诸国。张骞的封地就在现在的南阳市方城县博望镇。

张骞出使西域本为贯彻汉武帝联合大月氏抗击匈奴之战略意图，但出使西域后汉夷文化交往频繁，中原文明通过"丝绸之路"迅速向四周传播。因而，张骞出使西域这一历史事件便具有特殊的历史意义。张骞对开辟、巩固从中国通往西域的丝绸之路有卓越贡献，至今举世称道。

在汉朝，玉门关和阳关以西，也就是今天新疆以及新疆以西的广大地区，统称为西域。

汉武帝为了联络大月氏夹攻匈奴，于公元前 138 年派张骞出使西域。这次出使虽未达到目的，但了解到西域各族的政治、经济、地理、风俗等情况。史书上把张骞的首次西行誉为"凿空"，即空前的探险。

公元前 119 年，张骞再次出使西域，访问了西域许多地区。西域各族政权也派人随汉使到汉朝答谢。从此，汉朝同西域的往来更加频繁，加强了汉朝同西域的经济文化交流，丰富了汉族与西域各族人民的生活。

为了促进西域与长安的交流，汉武帝招募了大量身份低微的商人，利用政府配给的货物，到西域各国经商。这些具有冒险精神的商人中大部分成为富商巨贾，从而吸引了更多人从事丝绸之路上的贸易活动，极大地推动了中原与西域之间的物质文化交流，同时汉朝在收取关税方面取得了巨大利润。出于对匈奴不断骚扰与丝绸之路上强盗横行的状况考虑，为加强对西域的控制，公元前 60 年，汉朝设立了对西域的直接管辖机构——西域都护府。以汉朝在西域设立官员为标志，丝绸之路这条东西方交流之路开始进入繁荣的时代。

丝绸之路的开辟，有力地促进了中西方的经济文化交流，对促成汉朝的兴盛产生了积极的作用。这条丝绸之路，至今仍是中西交往的一条重要通道。

南阳博望附近出土的汉画像石，记载了这一辉煌事件。原石长 328

厘米，宽 40 厘米，厚 25 厘米，画面左端略窄，为 29 厘米，向右渐宽至 33 厘米，画面长为 280 厘米。时代为东汉。石质为南阳蒲山石灰石。画面中刻一辆无辐条实木车轮的三驾华盖立车，驭手跽坐，乘者直立。该车疑为西域长史专用。车前三骑士一组，戴武弁大冠，一手执盾，一手执殳，为乘车之尊者开道。其前四组骑士均头戴有护耳的尖帽，身穿交领左衽紧袖衣，呈防御退却状，应是丝绸之路早期的领有者——塞种人。车后三组骑士俱戴武冠，是持续推进之中的汉朝出塞队伍。最后两组骑士之间，一虎跃起前扑。从虎尾细长、体型瘦削、生殖器硕大的特点推断，此虎为新疆虎。

张骞孙子张猛所处的汉元帝时期，南阳社会上正流行兴建画像石墓，是南阳汉画像石墓的发展期。张骞一生最辉煌的时期，就是他第二次出使西域，出使时是三千石级的中郎将，返回后是位列九卿的大行。其后辈肯定熟悉这段历史，将祖辈的丰功伟绩刻在石墓中，以显荣耀，以求护佑，以志纪念。所以我们将这块画像石命名为《张骞通西域》，依据有以下几点：

南阳汉画　张骞出使西域

一、时代

在原石出土地，今南阳市宛城区新店乡熊营村多次走访调查得知，1976 年生产队清理石材时，墓未塌陷，像一大间钢筋水泥结构的平房，顶上也是石头，人在里边沿着边上的窄道能走一圈。两个门，两大过梁石。笔者收藏的只是其中一块过梁石，另一块也被从耕地地下移到生产队仓库作墙基，生产队解散，从仓库下出土后被白姓村民用作两层楼房的基石至今。原石出土的具体地点，在今熊营小学校后，院墙东北角正北约 10 米处，为砖石混作结构的汉墓。

南阳汉画像石墓从西汉中期产生到东汉末衰落，历时约三百年，可分为四期：第一期是西汉中期；第二期是西汉晚期，第三期是东汉早、中期；第四期是东汉晚期。第二期的墓葬其平面布局主要为"回"字形。这种"回"字形墓的结构又分为纯石和砖混作两种。依据上述南阳汉画像石墓分期理论和实地调查，《张骞通西域》汉画像是砖做立柱撑起的大梁，我们基本可以推断，该石的时代应为西汉晚期的作品。

二、胡人与汉人

近三米长的画面，共刻画 22 位人物形象，自左至右，前 11 人，穿胡服，戴尖帽，为胡人；后 11 人，着汉装，戴武弁大冠，为汉人。胡人在一组执弓骑士掩护下，艰难退却，汉人在一组拥盾执殳骑士引导下，车骑挺进。

汉代的胡人，是一个笼而统之的称谓，既不同于我们今天的民族概念，也不同于现代的人种含义，大约是指华夏汉帝国西北及北方的以骑射游牧为主要生活方式的族群。依中国文献的记载，他们主要有东胡、楼烦、林胡、义渠、月氏和匈奴等。胡人血统十分复杂，有面孔较扁平的黄色蒙古种，也有深目高鼻多须的白色欧罗巴人种或塞种。

汉代胡人与汉人之间的对抗与交流，激烈而频繁，二者关系是上至朝廷下至平民百姓都关切的社会问题。所以，汉文典籍之外，汉代也塑造了很多的胡人形象，或立体，或平面。台湾"中央研究院"研究员邢义田先生，在《古代中国及欧亚文献、图纸与考古资料中的"胡人"外貌》一文中，对汉代"胡人"艺术造型规律作了较全面而深入的研究，他的结论是："汉代造型艺术中呈现的胡人外貌虽说是形形色色，不过除了体质上大眼高鼻或深目高鼻或多须的特征，服饰上除了改穿汉人之服或裸体，内蒙古凤凰山出现一个戴宽沿圆顶帽的例子，可以说大部分以尖顶帽为服饰上最主要的特色。这种尖帽的共同特色在于帽顶呈尖状，微微朝前弯。如果细分，又可分出稍有不同的三种形式：第一种是单纯的尖顶帽，帽沿部分并没有其他附属物。其微微前弯的尖顶有时清楚地呈现出来，有时并不特别明显。第二种是帽沿另有类似护耳的部分。最清楚的例证就是在前述孝堂山石祠中所见到的。'胡王'和其前后胡兵所戴的帽子，在帽沿两侧都明显有可遮着双耳的部分。第三种则在帽子后方有微微下垂或微微飘起状的带子。在前述临沂白庄的汉墓中可以见到这样的胡帽。"

这幅《张骞通西域》图自左向右前11位骑士，除没有面部特征外，都是戴尖帽、护耳，穿窄袖短衣和长裤，可以判定为胡人。

胡人之后是汉人，汉人突破胡人的阻挠而有序向前推进，这正是西汉后期，张骞凿空西域后交通西域三十六国的历史大画面的高度概括。胡人已无力阻挡汉帝国西进，众多汉使打着威名远播的"博望侯"旗号，行进在丝绸之路上。

还有一点颇耐人寻味，胡人中执武器者为一组3人，汉人中执武器者也仅一组3人，双方都是文职人员为多数，画面的汉代设计者，是否想告诉我们：对抗是次要的，交流是主要的；战争是次要的，和平是主要的；敌对是次要的，友好是主要的。

三、大使车

3米来长的画面中，只刻画了一辆马车。车的轮子没有辐条。《考工记·总叙》："察车自轮始。"轮是马车最重要的部件。无车辐的车轮是怎么回事呢？工匠是据实雕刻，或是为省工而无刻？我们认为这就是一种独特的当时使用的无车辐的实木轮。这种车轮起源于古代美索不达米亚文明，曾经的美索不达米亚就是当今的伊拉克。美国考古学家斯蒂芬·伯特曼在他的《探寻美索不达米亚文明》一书中指出："公元前3000年以前的某个时候，苏美尔人成为历史上最早发明轮子并将其用在交通事业上的人。到公元前3000年的时候，他们制造起两轮与四轮的轻便马车以及带顶篷的货车。这些运载工具的车轮都是把两个半圆形坚硬的木盘钉在一起，然后覆盖上皮革轮箍，就像在乌尔的普阿比坟墓中所发现的那些马车一样。"在中原大地,考古发掘出土的商周秦汉时期的马车很多,但车轮都是有辐条的。这与先秦时典籍《考工记》对车辆之车轮、车辐的设计要求是基本相符的。那么,我们自然要问中国最早使用无车辐之车的地区在哪里?因为汉代工匠绝无可能,凭想象去刻画一种根本就不存在的车轮。新疆大学历史系教授苏北海先生,在其所著《新疆岩画》中,指出:"从库鲁克山中的兴地车辆岩画看,也可证明古代从敦煌西北经罗布泊西行的楼兰古道也一样行走着大车,由此西走龟兹及中亚,其畅通的年代也已很久远。"又指出:"不过阿尔泰与帕米尔的车辆岩画在时间先后上有所区分。阿尔泰的岩画车辆只有简单的原形木轮,无车辐痕印,这就不如帕米尔的车辆轻便。帕米尔的车辆岩画都是双驾单辕型,阿尔泰的古代车辆却没有双辕,仅在拉拽畜的颈部有轭,在轭两旁各系一绳。从这些看来,阿尔泰的车辆就较帕米尔的车辆来得简陋原始些,因而时间也较为古远。说明原居在阿尔泰的一部分塞人曾有可能迁移到帕米尔地区。"在斯蒂芬·伯特曼和苏北海两位学者论断的基础上,我们可以有这样的认识:起源于西亚的无车辐实木车轮马车,通过丝绸之路,传至西域,在西域游牧民族中,主要是塞种胡人在使用,他们从敦煌西北的楼兰古道西行过龟兹到中亚,使用的年代很久远。

"实木车轮遗存,在丝绸之路考古文化中称为辛塔什塔式实木车轮,是辛塔什塔——彼得罗夫斯卡文化的典型器物。中亚西部草原的辛塔什塔——彼得罗夫斯卡文化,历史相当悠久,欧美各实验室测定的碳14资料集中在公元前2200—前1900年。20世纪70年代末在新疆哈密五堡发掘了700多座属于这个文化的墓葬,出土了一个残破的实木车轮,它的形制与中亚草原发现的实木车轮非常相似,引起海内外研究者的广泛关注。"北京大学林梅村教授从丝绸之路考古的角度,在讲"吐火罗人的起源与迁徙"中,对"实木车轮"这一考古典型器具,作出了上述论断。在新疆考古探险史上,1901年,瑞典探险家斯文·赫定在楼兰"三间房"附近发现了丝绸古道上实际用过的实心木车轮,这个车轮直径超过 1.3 米，早已是中外闻名的实物证据。无车辐实木车轮的马车，另有一例，为南阳市农机局刘东阳的汉画像石藏品《车骑出行》。至此，我们自然有这样的认识：南阳汉画像石上的无车辐实木车轮，是反映汉代行驶在西域古道上的马车。

南阳汉画 车骑出行

《张骞通西域》中，在独特的实木车轮马车上，可以明显看出，乘车之尊者是站立姿势，也就是立乘。在我国古代马车的分类中，依乘车者的姿势不同，是坐或者是立，分为两类：安车和立车。立乘之车，在汉代有何重要用途？《后汉书·舆服志》曰："大使车，立乘、驾驷、赤帷。持节者，重导从：贼曹车、斧车、督车、功曹车皆两；大车，伍伯巢弩十二人；辟车四人；从车四乘。无节，单导从，减半。"又曰："公、卿、中二千石，二千石、郊庙、明堂、祠陵、法出，皆大车，立乘，驾驷。"做出这一记载的是西晋司马彪，非南朝宋顺阳人范晔。司马彪是晋宗室，此言我们理解要义是：具备公、卿、中二千石、二千石品秩的政府要员，出行参加事关国家宗教祭祀外交等重大活动，立乘在四匹马驾驶的大使车上是汉代的礼仪制度。换句话说，依据汉代国家礼仪，《张骞通西域》中乘车者立乘于有实木轮子的大车、高车之上，我们可以认定他的品秩是"公、卿、中二千石、二千石"之一，他的出行是事关国家朝廷的重大公务活动，而非私人游玩田猎性的车骑出行。

立乘于大使车之上的乘者形象，也与整个画面的所有人不同。他的冠饰耸立高竖，上大下小，弯结于头顶，飘缨于脑后，为无帻之冠。汉代的冠制较复杂，文献中记载的冠名，尚难尽与实例相对应。不过就式样而论，西汉的无帻之冠和东汉有帻之冠是很不相同的两大类，须首先加以区别。帻是什么呢？帻，起初只是包头发的头巾，后来演变成帽状。无帻之冠，只罩住发髻，不起障风御寒作用，主要用来显示主人有较高贵的身份。乘车者形象为侧面像，戴无帻之冠、着长袍，蓄须，可以理解为较年长的汉朝高级官员。

综上，我们基本可以有这样的认识：一位汉朝高级官吏立乘于大使车，正在行进中，至于他是否持节汉使，因大使车顶上有一系于车顶的飘状物，似节，而又无法确认，我们只能推测说，他是汉使。司马彪明确指出，大使车立乘、驾驷，而《张骞通西域》中却是驾三之车，少一匹驾车的马，是否从汉代礼仪看降低了等级规格呢？

曾侯乙墓，位于现今湖北随州，汉代属南阳郡，1978 年发掘，出土文物 15404 件，其中竹简 240 枚。武汉大学萧圣中教授依据竹简，对古代车马制度有精到考证，萧先生指出："三、驾三之车。简文所记驾三之车共三乘，它们是：简 178 所记大路、简 179 所记戎路、简 197 所记王所赠一乘路车。文献关于古代马车驾三马之记载语焉不详。故郑云《驳五经异义》即有'古无驾三之制'的说法。事实上，在上岭村虢国墓地出土三乘驾三马的木车(分别为 M1051：一号车、三号车、四号车)之后，这一错误本应得到纠正，但由于考古发掘的原始材料传播不广，以致今人仍有信从'古无驾三之制'之说者，如台湾曾永义先生的《仪礼车马考》即仍持此说。"现在曾侯乙墓竹简明确记载大路以左骖、左骆、右骆三马为驾，戎路以三匹驹骝为驾，楚王所助三乘路车以三匹为驾，更加强了先秦时期确有驾三之制这一说法。事实上，驾三现象在其他资料上也有反映，包山楚墓所出子母口奁，其盖身即绘有二乘驾三马之车，山东沂南汉画像石上有驾三马之车的形象。另外，两汉之际有所谓"三马触门"事件，见《后汉书·五行志》：申屠建、李松自长安传送乘舆服御，又遣中黄门从官奉迎迁都。更始二年二月，更始自洛阳市而西。初发，李松奉引，马惊奔，触北宫铁柱门，三马皆死。又见于《东观汉记·刘玄传》："更始发洛阳、李松奉引，车马奔，触北阙铁柱门，三马皆死。"在第二节《驾马数与身份等级之关系》萧先生又说："至于所谓'天子驾六，诸侯与卿驾四，大夫驾三，士驾二，庶人驾一'等说法，纯以马数定尊卑似有未妥。今考曾简文所记楚王所赗车驾六与驾二互见，太子所赗车驾四与驾二互见，其余封君县公所赗之车均驾二马。单从赗车数本身来看，楚王与太子、阳城君、融君、鲁阳君均赗路车三乘，不能反映尊卑高下。但是王所赗车有驾三马者，太子所赗车有驾四马者，再联系到简178、179所记大路和戎路这两乘路车最高者均驾三马、驾三马之车仅次于驾六马之车，极有可能是身份高贵的象征。"曾侯乙时代是战国早期，从战国早期到更始帝时期，驾三马之车其尊贵程度都很高，所以驾三马的大使车级别也很高，很有可能高于大使车驾四马的一般性规定。

我们分别从车轮、乘车者、驾马数量三个方面对马车进行了较深入讨论，认为这是一辆汉代二千石以上高级官吏出使所乘之大车，依《后汉书·舆服志》名之曰："大使车。""大使车"是中原文明和西域文明交流融合的产物，是两大文明共同进步发展的见证，是汉代丝绸之路开通的象征。

四、汗血马

整个画面，人分两类，胡与汉；马也分两类，汗血马与蒙古马，两类共23匹。大使车之前有5组马，计14匹，为汗血马；大使车3匹及之后3组6匹，计9匹马，其中8匹为蒙古马，1匹为汗血马。11位胡人全部骑汗血马，汉人中仅拥盾执殳之武士骑3匹汗血马，其他多为蒙古马。

为什么说胡人所骑之马为汗血马呢？首先，胡人为游牧民族，马匹精良是必然的。最有名的一是大宛国的大宛马，二是乌孙国的乌孙马。汉武帝"得乌孙好马，名曰天马。及得大宛汗血马，益壮，更名乌孙马曰西极，名大宛马曰天马"。其次，胡人所骑之马，行进中都呈对侧步。对侧步，是指马行进时，同一侧的两条腿同时向一个方向腾起，通俗地说就是"顺拐"，这在汗血马之外一般马的奔跑中是看不到的。再者，胡人所骑之马，从马脖子至肩膀都特别刻画出一条粗阴线。我们知道，汗血马在高速疾跑后，肩膀位置慢慢鼓起，并流出像鲜血一样的汗水，因此，得名"汗血宝马"。东汉建初三年，汉章帝送给其弟东平宪王大宛马一匹，曰："血从前髆上小孔中出。常闻武帝歌天马，沾赤汗，今亲见其然也。""髆"，即"肩"。"前髆"，就是指前肩膀（《后汉书·光武十王列传》）。我们认为，那条粗阴线就是着意表现出汗血的马的前肩膀。

发现大宛马是张骞的重要成绩之一，大宛马我们现在俗称汗血马。张骞从中亚引进优良的马饲料苜蓿和优良马种大宛马，这对加强汉帝国骑兵的作战能力无疑将起到革命性的作用。西汉时期大宛马初传中国，数量不多，对改良中国骑兵的作用还不大明显。东汉时期中原骑兵已拥有中亚良马繁殖出的大批后代。东汉将军窦宪在燕然山、伊吾卢和金微山三战北匈奴，迫使匈奴人远徙西方。这里应有张骞引进优良马种，改进中原战马之功。汉代文学家竭力讴歌大宛马，汉代艺术家更是精心塑造大宛马的形象。1969 年，甘肃武威雷台西晋墓出土的一匹蹄踏飞燕的铜奔马，堪称"汗血宝马"形象的杰出代表作。

五、绳行与新疆虎

胡人、汉人、大使车、汗血马，行进在西域途中。第一组领头的马与第二组领头的马之间，却用一条绳索相连。看着这一画面，耳旁仿佛响起遥远丝路上，长长驼队那梦幻般的驼铃。然而，马，尤其是汗血马，以善跑著名，除非有十分必要的原因，怎么会绳牵前行？范晔在《后汉书·西域传》中说："梯山栈谷绳行沙度之道，身热首痛风灾鬼难之域。""绳行沙度之道"，意思是说用绳索连结牲畜行进在沙漠中的道路上，应是对西域古道行路难的实写。

丝路漫漫，我们不知道有几处路段，需要畜与畜绳索相牵，我们仅知道，著名的西域古道上，畜与畜绳索相连是常见的景色。

西域古道，一般是指楼兰古道，也叫沙砾古道，还有一个名字是大碛路。玉门关是起点，西行至楼兰，按现在地图直线距离计算约 360 公里。张骞凿空西域后，楼兰古道是西汉政府交通西域的官道。楼兰道开通，大致在公元前 100 年，也就是元封三年，我们的汉使通西域就络绎不绝。这一段路险，主要是雅丹地貌和沙漠，流沙、热风，让行者无法睁眼看，张嘴喊，勉强前行，只能通过绳索畜与畜相连，才不致走失。

楼兰国当道，故名楼兰道，史载，楼兰国受匈奴控制，又不堪或不愿支付对汉使的物资补给，每每阻挠，多次斩杀汉使。霍光当政时，赵破奴出击并俘虏了楼兰王，楼兰道始正式开通。《张骞通西域》长长的画面中，第四组胡骑，弯弓劲射紧随其后的汉军，想来也完全符合历史的真实，胡骑其实就是楼兰国的骑兵。

胡人在前，有"绳行沙度之道"之险，汉人在后，有猛虎撕咬之危。最后一组骑士之前有一只虎，跃起前扑，欲撕咬前行的汉军骑士，骑士回首弯弓劲射。为什么要做这样的形象刻画？我们认为，这也都是为了表现西域古道险恶的地理环境。汉代画像石中有许多"虎"的形象，唯此虎体型瘦削，尾细长，生殖器硕大，与他虎的惯常造型不同，有专家学者考证其为新疆虎原形。汉时西域有成群的野兽出没是自然的，用百兽之王——虎的凶猛来表现丝绸古道的凶险完全可以为现代人所理解。汉骑士回头张弓射虎，应该是汉军远征途中环境险恶的表现。

六、张骞通西域

原石出于汉墓，出土地点，现今的南阳市宛城区辛店乡熊营村，向北仅一水渠之隔就是今南阳市方城县博望镇。博望，古县名，西汉置，武帝封张骞博望侯国。王莽时称宜乐，东汉复旧名，南朝宋废，故址在今南阳博望镇。张骞一生，主要事迹有五：一是公元前 138 年至前 126 年出使大月氏，归后被封太中大夫；二是公元前 123 年以随军校尉身份，跟随大将军卫青参加了对匈奴大战，汉军大胜，张骞因军功被封为博望侯；三是公元前 123 年负责开通西南夷到身毒(印度)的道路，未成功；四是公元前 121 年，张骞以卫尉身份与将军李广利出击匈奴，失利，按罪当诛，后用钱及爵位赎罪，免死废为平民；五是公元前 119 年张骞被武帝任命为中郎将(秩比三千石相当于郡守一职)出使乌孙。张骞派遣副使赴大宛、康居、大月氏、大夏、安息、身毒等国。

公元前 115 年，张骞从乌孙返回长安，中西交流始通，被封为大行，位列九卿。

公元前 114 年，张骞病逝，归葬故乡，即现在的陕西省城固县博望镇饶家营村。依汉俗，后人应分两支，主支(长门)应在封地南阳博望，次支(庶子)留故里陕西博望。史载：骞孙猛，字子游，有俊才，元帝时为光禄大夫，使匈奴、给事中，为石显所谮、自杀(《汉书·张骞、李广利列传》)。张骞孙子张猛所处汉元帝时期，南阳社会上正流行兴建画像石墓，是南阳汉画像石墓的发展期。张骞一生最辉煌的时期，就是他第二次出使西域，出使时是三千石级的中郎将，返回后还是位列九卿的大行。张骞的后辈人熟悉这段历史，将祖辈的丰功伟绩刻在石墓中，作为永久纪念，以求祖宗护佑，是其本意。诚愿，不朽时代之不朽之人不朽之事，在不朽之青石上传之不朽。

南阳博望纪念张骞通西域的石碑

第四节　植桑养蚕之战略举措

蚕，可以说是人类古老的朋友，它吐出的丝是人类编织衣服的主要材料之一。地球上所有的动物中，只有人类是穿衣服的。人为什么要穿衣服？有人说是为了护身、为了御寒，这是从功能的角度来解释的；有人说是为了遮羞、为了礼貌，这是从道德的角度来解释的；也有人说是为了好看、为了吸引异性，这是从审美的角度来解释的。我们的祖先从什么时候开始穿衣服的，不得而知。上古传说把衣服的发明归功于黄帝。《易经》说："黄帝、尧、舜垂衣裳而天下治。"

实际上，衣服的出现要早得多。我们在周口店的山洞里就发现了骨针，从而可以知道18000年前的山顶洞人已经穿衣服了。在6000年前的仰韶文化遗址中，发现过每平方厘米经纬各有10根的粗麻布印痕。在4000年前的良渚文化遗址中，发现过每平方厘米经纬各有20~30根的细葛布和每平方厘米经纬各有40~50根的绢。那时的人们一定也穿衣服了，只不过我们无法知道他们穿什么样的衣服罢了。在史前的考古发掘中，良渚文化就出现了蚕丝编织的衣服，它说明古人在很早之前就已经开始。养蚕以蚕丝为衣不仅仅是为了御寒，也是为了美观，以蚕丝为衣迄今为止都经久不衰，可以说蚕是人们永远的朋友。那么有没有用玉做的蚕呢？我们依然从史前玉器的几大板块中开始寻找，在红山文化的玉器中我们发现了红山玉蚕的踪影，红山玉蚕和历代的玉蚕造型有所不一样，红山玉蚕整体线条挺拔流畅，简约而不失精美。玉蚕的造型降至夏商周，特别是在商代和西周早期的以玉为蚕的形制，可见蚕和人们生活密切联系，已成为古代玉器中一个不可或缺的艺术造型。

在中国历史的开幕时期的商代，甲骨卜辞中已出现桑、蚕、丝、帛等字形。到了周代，植桑育蚕已是常见农活。春秋战国时期，桑树已成片栽植了。同时因为栽桑养蚕是古代重要的经济来源，故当时的王后每年春天都要举行蚕桑仪式。《左传》中记载齐国桓公十四年："秋，……

商代　南阳玉蚕

天子亲耕以共粢盛，王后亲蚕以共祭服。"所谓"王后亲蚕"，就是在育蚕的季节里，王后率领一批贵族妇女们，用一定的仪式去喂蚕。这是宫廷中举行的一种典礼，表示出统治者对蚕桑生产的高度重视。

中国是世界历史上悠久文明的大国，先民创造了闻名于世界的灿烂文化。嫘祖是我们先祖中的杰出代表，嫘首倡婚嫁，母仪天下，福祉万民，和炎黄二帝开辟鸿荒，植桑养蚕，告别蛮荒，被后人奉为"先蚕"圣母。在每年的农历三月初一，南阳的养蚕人开展春祭先蚕活动。

关于蚕桑丝绸的起源有很多种说法，例如伏羲起源说和神农起源说，但在众多说法中最为人认同的是嫘祖起源说。传说中寄托着华夏先民对创造者的崇拜与敬仰。

嫘祖是谁？相传五帝之一颛顼的奶奶，也就是轩辕黄帝的元妃嫘祖，随黄帝南征北战把养蚕缫丝之法传遍各地，所以很多地方流传着嫘祖的故事。南阳淅川原本为黄帝部落，南阳养蚕缫丝从远古就开始了。《皇图要览》记载："西陵氏始蚕。"《物源》记载："轩辕妃嫘祖。始育蚕绩麻，以兴机杼。"《史记》记载：黄帝时"播百谷草木，淳化兽鸟虫蛾"，可见司马迁认为黄帝时起开始有养蚕蛾的惯例。

养蚕最早的文字记载，是我国现存最早的一部记述天象和物候的著

南阳汉画　嫘祖

作《夏小正》。其中有"三月：摄桑；委杨；妾、子始蚕；执养宫事"的
记录。宫，即养蚕专用的蚕室，说明养蚕已在室内进行。也许，蚕业生
产的丰富内涵特别富有诗意，也最适合于诗歌的表达。最早表现蚕事的
诗篇是出自我国第一部诗歌总集《诗经》。

《诗经》收录了自西周初年至春秋中叶（约公元前11—前6世纪）约
500年间的305篇作品，在这305篇诗歌中，与蚕桑丝织有关的就有27
篇之多，内容涉及采桑、育蚕、缫丝、采集染草、染色、丝织、缝衣等
全过程。

《诗经》中反映蚕桑篇章最长的要数《豳风·七月》，详尽地描写了
女奴们采桑育蚕和染布制衣的过程。其中的"蚕月条桑（三月，修剪桑
枝），取彼斧斨（拿着斧子），以伐远扬（老枝太长，全都砍去），猗彼女
桑（留下嫩枝，以待成长）"以及"春日载阳（春阳明媚），有鸣仓（黄莺
宛转），女执懿筐（妇女拎筐），遵彼微行（走上小路），爰求柔桑（为摘

嫩桑)"等句,讲的都是采桑的事情。前者叙述了妇女们修剪桑枝的状况,后者描绘了采桑路上的图景。

大规模的养蚕,必然需要有大规模的种桑,《诗经·魏风·十亩之间兮》中"十亩之间兮(在十亩桑园里),桑者闲闲兮(采桑者轻松从容),行与子还兮(就要同你归家了)",描述了桑园之大,桑树之多和女子们采桑归来时悠闲快乐的情景。

从《诗经》中可以看出,当时黄河流域蚕业生产已相当发达,不但有大面积的桑林、桑田,人们也广泛地在宅旁和园圃中种桑。如《郑风·将仲子》中有"将仲子兮,无逾我墙,无折我树桑"的诗句,意思是"求求你呀小哥哥,不要翻越我院墙,不要撞折院墙边的桑树"。反映了一位女子劝告欲翻墙和她约会的男子,不要莽撞行事的复杂心理。

《小雅·小牟》记载:"淮桑与梓,必恭敬止。靡瞻匪父,靡依匪母。"意思是见了庭院栽种的桑树和梓树,容易引起对父母的怀念,所以起恭敬之心,后世以"桑梓"作为家乡的代称即出自此处。再如《大雅·瞻印》说:"妇无公事,休其蚕织。"这两句的意思是说:"妇女们既不担负劳役,怎能不从事蚕织?"可见当时养蚕缫织是妇女们的主要工作,蚕业已成为劳动和经济生活的主要内容之一。

桑树适宜在暖湿气候环境中生长,《诗经》中以蚕桑丝织为题材的诗篇,多分布于黄河流域之河南、山西、陕西、山东等境内。《卫风》中描述弃妇怨歌的《氓》中有"氓之蚩蚩,抱布贸丝。匪来贸丝,来即我谋",表明当时不但种桑养蚕已很普遍,生丝和丝织品也已在市场上物物交换了。

据《月令》记载古代的君主在三月祭拜轩辕帝,以祈福蚕事祥顺。命令官员禁止采伐桑树、柘树以保证饲蚕,还应准备养蚕采桑的器具。后妃也亲自前往东乡采桑教给妇女们养蚕的方法,等到蚕事已成,分茧称丝,按照成绩的优劣奖勤诚惰。可见国家对养蚕之事非常重视。

两汉时期,国家对植桑养蚕更加重视,列为要政之一。不仅鼓励大面积种植桑树、柘树,还把桑蚕业当作衣食之本,商贸之源,极力推广，并且亲力亲为。后妃亲蚕亲桑，就被记载在典令之中。当时的南阳有大片的桑树林、柘树林，还有养殖柞蚕的柞树林。三国时火烧博望，燃烧的就是汉代的柘树林，现在还有烧枯的柘树屹立在遗址上。

甲骨文中已有桑、蚕丝、帛等字，与丝有关的字超过100个，《说文解字》收录丝字旁字达267个，这些字多跟工艺和产品相关，说明当时中国的丝织产业工艺复杂，产品丰富。

甲骨文中的"丝"字

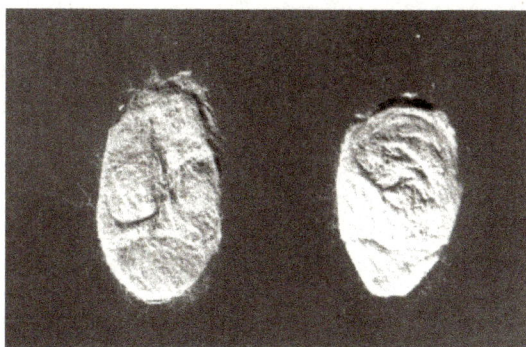

仰韶文化半个蚕茧图

在6000年前的黄河流域已出土的半个蚕茧给出了实证，证实了我国是世界上养蚕、种桑最早的国家。

蚕，被尊为天虫。当初驯化利用它，也许并不是为了培养它成为可提取做衣服的材料，也许跟养蚕的崇拜和人们由生到死的丧葬观念有关。自然界蚕的一生，从蚕卵到幼虫再到蛹，这个过程就像人的一生，古人已经从中得到启发，蚕的一生就像人，从出生到死亡的一生。人死的时候应该用丝绸给他们裹起来，裹起来之后就可以升天，丝绸作为一种媒介，沟通天地，引导人的灵魂升天。这种"天人合一"的文化背景只有中国才有。蚕，还有繁衍昌盛的寓意，被世人推崇。在这样的文化背景中，野蚕被驯化为家蚕，人们开始利用蚕茧来缫丝制衣制被，遮体取暖。

蚕以卵繁殖，刚从卵中孵化出来的蚕宝宝，小小的，像粒芝麻。随着不断进食蚕的身体变成白色，一段时间后便开始脱皮。蚕一生要经历4次脱皮，脱一次皮就算增加一岁。等它们开始吐丝结茧时，早就吃成了又肥又白的大肚汉，它们结成的雪白蚕茧，就是生产丝绸最基础的原料。蚕从最初的卵到最后结茧吐丝，只有二十多天时间。

养蚕人介绍说：蚕就是吃饭、睡觉，再吃饭、睡觉，就这样重复。每当它们吃撑了，犯迷糊睡觉时，把它们称为"眠"，有一眠、二眠、三眠，每次时间长短不等，但每一次醒来后，身体都比上一次更加粗壮、透明。等到第四眠，蚕的生命就走到了极致，就像爬山爬到了山顶。

四眠以后，蚕的身体变得透亮，就要把它们放入蚕蔟上，它们将在那里吐丝、结茧。上蔟后，丰腴、透亮的熟蚕先吐出少量的丝粘结在蔟上，以形成结茧支架，即结茧网，就像一座房屋外围的篱笆围栏；之后，蚕以优雅的S形方式吐丝，以使结茧网牢固，形成茧衣，就像房屋的房梁；茧衣越来越厚，蚕的吐丝方式由S形变换为∞形，一点点将自己包裹于茧衣内，就像卧室；最后，蚕的躯体越来越瘦弱，体内的丝越来越少，吐丝的速度也越来越慢，但一直到生命的最后一秒钟，吐丝才算结束。

蚕，结茧，吐丝……不仅演绎了"春蚕到死丝方尽"的一生，也成就了中国丝绸亘古至今的璀璨。

缫丝，把蚕茧抽出蚕丝的工艺。为了避免蚕茧化蛹成蛾，缫丝前要进行烘干杀蛹处理，缫丝一般有这些工序：

剥茧，刹去蚕茧外的毛丝层，即茧衣；

选茧，根据蚕茧的大小、色泽、质量分类；

煮茧，适当软化、溶解蚕丝表面的丝胶；

缫丝，将蚕茧浸在热水中，用手一点点抽出丝来，再将丝卷绕于丝筐上。

将蚕丝加工，可以制成绫、罗、绸、缎等，方便携带，方便交易，而且很有价值。

《穆天子传》记载西周的穆王将丝绸作为国礼，赠送给外国首脑。周穆王从西安出发，向西长途跋涉，到达了今天中亚的吉尔吉斯斯坦，将很多包括丝织品在内的礼品馈赠给了沿途国家的主人。

19 世纪 70 年代，德国的地理学家李·希霍芬在其著作《中国》一书中，把从公元前 114 年至公元 127 年间，中国与中亚，中国与印度间以丝绸贸易为媒介的这条西域交通道路命名为"丝绸之路"。这一名称一经提出就被广泛接受。古代在这些商路上贸易的商品，丝绸确实占了很大一部分。

公元前 126 年在汉武帝的西进政策推动下，张骞两次出使西域，当初可能只是用丝绸换取日常生活用品等。通过交换积累了丰富的经验，丝绸很受沿途各国人们的喜爱，打开中国通向中亚以西的广阔地域的通道，与西亚和欧洲的贸易日益频繁。大量的丝绸通过丝绸之路向西运输。玄奘《大唐西域记》卷二十"瞿萨旦那国"记载："王城东南五六里，有麻射僧伽蓝。此国先王妃所立也。昔者此国未知桑蚕。闻东国有也命使以求。时东国君秘而不赐。严敕关防无令桑蚕种出也。瞿萨旦那王乃卑辞下礼求婚东国。国君有怀远之志，遂允其请。瞿萨旦那王命使迎妇。而诫曰。尔致辞东国君女：我国素无丝绵桑蚕之种，可以持来自为裳服。女闻其言，密求其种。以桑蚕之子置帽絮中。既至关防，主者遍索，唯王女帽不敢以验，遂入瞿萨旦那国。止麻射伽蓝故地，方备仪礼奉迎入宫。以桑蚕种留于此地。阳春告始乃植其桑。蚕月既临复事采养。初至也尚以杂叶饲之。自时厥后桑树连阴。王妃乃刻石为制。不令伤杀。蚕蛾飞尽乃得治茧。敢有犯违明神不佑。遂为先蚕建此伽蓝。数株枯桑，云是本种之树也。故今此国有蚕不杀。窃有取丝者。来年辄不宜蚕。"这就是说阗王曾取东国公主为王后，要求将蚕种带来，公主藏桑蚕种在帽中，"走私"成功，福泽瞿萨旦那国。

都兰古墓中出土的丝织品"对马锦"为波斯人所制，当年绸缎布匹通过丝绸之路南道流通到吐谷浑王国后，便被爱马也善于养马的吐谷浑

汉代丝绸　对马锦

人所钟爱，裁制成"对马锦"。在俄罗斯哈巴罗夫斯克的博物馆里我们可以看到中国的丝绸织品，北海道博物馆收藏的刺绣对襟女褂也是中国的丝绸产品。

丝绸之路的终点在大宛，也就是大宛国，即现在费尔干纳盆地的乌兹别克斯坦。大宛国的"宛"是西域语言，不是汉语。

然而在中原的地名中，有另外一个"宛"与之对应，那就是别称"宛"的南阳郡。《史记·货殖列传》这样概括南阳："宛，亦一都会也。俗杂好事，业多贾。"所谓"南阳好商贾"，或说民俗"好事""多贾"，无疑是中外的共识。

从伏牛山的宛城，到费尔干纳的大宛国，这就是丝绸之路的起止点。

行走在丝绸之路上的一代又一代的客商们，沿伏牛山、秦岭、祁连山、昆仑山的山前古道奔波往返着。大宛所在的盆地，是中亚的富庶之区，古代文明的萌生之地。而数千里之外的宛城，则位于浅山盆地，宜耕宜牧，宜散宜聚，是丝绸、瓷器、铁器、农牧产品、农耕技术的荟萃之区。

因此，我们推断，南阳别名"宛"，应该是丝路行旅们对南阳人文地理特点的共同指认。

第三章　南阳汉代的丝路风物

　　汉代南阳的政治、经济、文化异常活跃，尤其是商贸业非常发达，是丝绸之路上名副其实的交通枢纽和商品集散地。这里是国际大都市，大量的西域人、南越人长期在这里生活、生存。

　　南阳出土有大量的和田玉，表明南阳曾经存在一条连接中原地区与甘肃、青海、新疆一带的玉石之路。这一时期生活在甘肃、青海地区的古羌人发挥了重要的媒介作用。

　　西周时期，羌人和周人通婚，分布于关中地区以西的辛店文化和寺洼文化应当就是羌戎集团。他们充当了沟通中国中原地区和西域地区交流的媒介。

　　曾经活跃于西域地区的乌孙、月氏等部族成为连接中原与西域的"中介"。西亚产的玻璃器和欧亚草原特征的动物纹青铜器及金器通过西域传入南阳。

　　春秋战国时期，中国丝绸已经在西域乃至西亚受到广泛的喜爱，并可能已被销往地中海沿岸。南阳生产的丝绸也经过丝绸之路被运到西域。

　　秦始皇统一中国后，在全国建立驰道，设置郡县，为西汉武帝时期张骞通西域奠定了基础。

　　丝绸之路历史悠久，中西文化交流源远流长。汉代张骞通西域，并非丝绸之路的开始，而是开启了古代东方与西方交流的新时代。即由零星的、断续的、小规模的民间交流转变为大规模的、持续的、官民结合的交流，对于促进丝绸之路沿线国家和地区的政治、经济、文化的发展发挥了极为重要的作用。

丝绸之路自史前时期就是中华民族的先民与生活在中亚、西亚和地中海沿岸地区的人们友好往来之路，互通有无之路，相互学习之路，共同发展之路！

丝绸之路是世界各大古代文明汲取营养的通道。博大精深的中华文明是植根于中华大地的土生土长的原生文明，她的主要文化内涵是来自于自身的发明和创造。同时，在它起源、形成和发展过程中，不断地吸收了来自其他古代文明的文化因素，并将其融入自身的文明体系之中。这些其他文明的文化因素很大一部分是通过丝绸之路传入的。

南阳出土的汉画像石、汉画像砖、汉陶等文物中，很多带着西域文明的元素，我们从这些西域文明中深切体会到中华文明正是由于同其他文明的不断交流中，保持活力，蓬勃发展，生生不息。这也是中华文明得以连绵不断、延续至今的重要原因之一。

第一节　楚夷交融

战国时代，南阳属楚。楚地出现了一个伟大的爱国主义诗人、政治家屈原，他长期活动在南阳一带，以其博大的忧国忧民情怀，赢得了整个华夏民族的尊重和爱戴。因此，他为楚文化树起一块碑石，也成为楚文化的核心内容。他的《楚辞》极具浪漫主义色彩，特别是"上下求索"的那部分，天上、地下，极尽想象之能事，把浪漫主义发挥到了极致。这种浪漫主义也极为汉代统治阶级、达官显贵所推崇。例如，汉高祖刘邦就特别推崇、喜爱楚文化，好楚音，他曾要求官员穿楚地衣衫。中国文化界自古以来就有一个现象，那就是文学服务于政治，是种"自上而下"的样式。在汉代，文艺"自上而下"发展，有效地推动了"楚辞"的浪漫主义在民间的普及，世俗阶层对浪漫主义的接受与运用，创造了一些脍炙人口的神话传说，这些神话传说充分发挥了人的想象力。

南阳民间一块汉画像石，石长 168 厘米，宽 41 厘米，厚 32 厘米；主画面《折木相羊》长 168 厘米，宽 41 厘米。与主画面所在平面下部垂直的另一石面上，有两个圆柱形石窝，石窝深 5 厘米，直径 9 厘米，间距 91 厘米。石窝所在平面宽 14 厘米，石窝面下有长 110 厘米、宽 18 厘米的菱形纹样。石窝面低于菱形面约 1 厘米。两个石窝是石门扉上部门枢的固定位置，所以可以确定该石是汉画像石中的门楣石。石质为南阳市北郊蒲山所产优质石灰石，呈青灰色。依内容，命其名为《折木相羊》。画面右部一巨人正倾力折拽神木——若木的树枝，左部一巨人俯身手按神兽——神羊的前腿。画面体现的意境是屈原《离骚》中的名句："折若木以拂日兮，聊逍遥以相羊。"若木是供太阳在西极栖落的神树；神羊是獬豸，是独角兽；巨人是源自希腊神话的战神河瑞斯形象。在汉代南阳，积淀深厚的楚汉文化和因丝绸之路畅通而东传的丝路文化，交汇融合，《离骚》的意境和当时流行的战神（武士）格式化造型，共同影响，成就了汉画《折木相羊》。《折木相羊》反映了"屈贾精神"从战国到汉代的历史传承，是"屈贾精神"的高度艺术概括，是"楚风汉韵"的典型形象。

南阳汉画　折木相羊

对这块画像石表达的内容，我们是这样释读判断的。图的右部，一巨人，一神树，巨人正倾力折拽树枝，神树造型迥然不同于其他汉画中的神树，根大干粗，枝条柔细，有枝无叶；图的左部，一巨人，一神兽，巨人俯身按神兽前腿，神兽弓背、低首，双眼圆睁，独角触地，小尾上翘。

汉画中，树的造型遗存丰富，各地都有很多，但经检索，树木被折枝是首次发现。它的图像意义应该不同于以往大家对汉画树的研究。那么，什么神树被折枝？谁折的枝？为什么折枝？

汉画中，兽的形象更多，单个的兽、群兽、人与兽，但人大兽小，人按兽腿，可能也是仅见。什么神兽被按？谁在按？为什么按？

其实，面对这一画面，不必凝视，就那么一瞥，旷达飘逸的艺术气息，仰天俯地的文化精神，物我齐一的天地宇宙意识，就会扑面而来，令人情不自禁地吟诵出屈原《离骚》中的名句："路漫漫其修远兮，吾将上下而求索。饮余马于咸池兮，总余辔乎扶桑。折若木以拂日兮，聊逍遥以相羊。"这三句诗译成现代汉语就是：前面的道路呀又远又长，我将上上下下追求理想。让我的马在咸池里饮水，马缰绳拴在那扶桑树上。折下若木枝给太阳拂尘，暂且逍遥相相那神羊。相羊的"相"和伯乐相马的"相"同义。

屈原生活在战国晚期的楚国，政治上是坚持改革的革新者，在文学上是伟大的爱国主义诗人。《离骚》是屈原的代表作，是一首自叙性的抒情长诗，全诗共二百七十三句，二千四百九十个字，大约作于屈原第一次被放逐的时候。题目"离骚"二字是遭遇忧患的意思。屈原在这首诗中记叙了自己和楚国旧贵族奸佞权臣之间惊心动魄的斗争，强调了修明法度、选贤任能是楚国兵强国富的唯一正确道路，痛斥了党人们的罪恶行径。他还借助女嬃、灵氛、巫咸等人的劝诫，一层一层地反复表明自己不畏任何艰难险阻，坚定不移地坚持真理的意志。屈原在这样现实政治斗争的基础上，还插上了幻想的翅膀：他使凤凰拉车，以风、雨、雷、电、云、月作侍御，奔驰于苍穹，来往于宇宙。他来到天国的门前，却遭到帝阍的鄙视，拒不开门；他登上高山之巅寻求女神，却未遇到；他寻找宓妃、简狄等人向他们求援，又都没有成功。但最终，屈原找到了"中正之道"，那就是让高洁的灵魂自由驰骋，可以折下若木的树枝给太阳拂去灰尘，可以降服那罕见的神羊。当然，为太阳拂去灰尘，是指为楚王除去蒙弊；降服神羊，是指让神羊触抵朝廷中的贪腐朋党。

在中国上古神话中，若木是神树。若木长在西极的若水，供落日栖息，太阳从东极初升时所登的神木是扶桑。神话中，神羊是獬豸的别称，体型大者如牛，小者如羊，全身长着黝黑的毛，双目圆睁，明亮有神，通常额上长有一角，俗称独角兽。它拥有很高的智慧，懂人言，知人性，能辨是非屈直，是勇猛、公平、正义的象征，又被称为"法兽"。南阳汉画馆牛天伟研究员认为："关于獬豸的形象，东汉以前或云为一角之牛，或云为一角之羊，莫衷一是。《后汉书·舆服志》定为神羊，后世都据此说。因獬豸具有明辨是非的神性，几千年来，人们都把它作为一种执法公正的象征。自汉代开始，凡是执法官吏，如廷尉、御史，都戴獬豸冠，也称法冠。冠上有一根铁柱，象征獬豸的独角。明清时不再戴獬豸冠，而是在官服中央绣上獬豸的图案。又据史料记载，獬豸原为春秋战国时期楚国人所崇拜的一种神兽。《淮南子·主术训》云：'楚文王好服獬冠，楚国效之。'《后汉书·舆服志》云：'法冠……或谓之獬豸冠。'《史记·淮南衡山列传》《集解》引蔡邕曰：'法冠，楚王冠也。秦灭楚，以其君冠赐御史。'由此可知，秦汉时流行的法冠源于楚王的獬豸冠；而楚王及其国人以神兽獬豸的独角作为冠饰，足以表明楚人对獬豸的崇拜程度之甚。也就是说，崇拜獬豸的习俗主要流行于春秋战国时代的楚地。而纵观全国四大汉画像石的出土地区，唯有南阳汉画中的独角神兽最为典型，且发现的数量最多，呈现出鲜明的地域性文化特征。春秋战国时代，南阳地区主要属楚国的统辖范围。若从民俗文化的区域性与传承性来看，南阳汉画像石墓中所刻画的独角神兽形象，应是楚人獬豸崇拜观念在南阳一带民间丧葬习俗中的一种遗俗，汉画中的独角神兽与楚人所崇拜的獬豸二者之间明显存在着一脉相承的关系。"

这幅汉画两个巨人的形象，颇耐人寻味，他们都头戴高尖帽，深目高鼻、裸体，非传统中原文化中的武士形象。

设计两个巨人形象的汉人，应该有依据，有传承，不可能去凭空杜撰。非中原形象，那就到中原以外去找。北京大学考古文博学院林梅村先生，在《丝绸之路考古十五讲》之第五讲《中亚的希腊化时代》的第四节《巩乃斯河畔的斯基泰神庙》中，讨论了源自希腊神话战神阿瑞斯东传中亚、东亚的考古发现。在讨论新疆伊犁河支流巩乃斯河畔的青铜器窖藏时，林梅村先生指出："这批青铜器群中，最重要的发现莫过于那尊青铜武士像。通高40厘米，深目高鼻，头戴希腊头盔，半蹲在地上，双手呈握兵器状。这尊铜像应该是希腊战神阿瑞斯神像。在希腊文化影响下，欧亚草原的斯基泰人崇祀希腊诸神，但是他们只为战神阿瑞斯造像。据希罗多德《历史》记载，'除去阿列斯的崇拜外，他们对其他诸神不使用神像、祭坛、神殿，但是在阿瑞斯神的崇拜上却是用这些东西的。'在希腊神话中，阿瑞斯是宙斯和赫拉之子以及阿芙洛狄忒（维纳斯）的情人，相当于罗马战神马尔斯（Mars）。在古典艺术中，神像往往采用裸体来表现，所以阿瑞斯神像有时采用裸体的艺术形象。在希腊化艺术中，阿瑞斯神像多以英俊武士形象出现，例如，古希腊钱币（Brettian League，公元前215—公元前205）上的阿瑞斯，往往头戴希腊头盔；又如土库曼斯坦的旧尼萨古城发现过一个帕提亚时期的阿瑞斯泥塑头像，也是头戴希腊头盔的武士形象，年代在公元前2世纪。"

林梅村先生还研究了阿瑞斯神在秦汉时的传播。他指出："斯基泰人崇祀希腊诸神之风，似乎对秦文化也产生影响。自古以来，秦人就与西域诸戎频繁交往，必会接触到斯基泰神庙崇祀的阿瑞斯神，那么，秦始皇十二金人或为模仿希腊战神阿瑞斯神像铸造的十二尊青铜像。在斯基泰文化影响下，蒙古草原的匈奴人似乎也铸造过希腊战神阿瑞斯像。"

接下来的问题，自然是汉代时阿斯瑞神是否具备传播到南阳郡的条件。西汉孝平帝元始二年（公元2年），在全国诸郡中，"南阳郡户三十五万九千三百一十六，口一百九十四万二千五十一，县三十六"为全国第三大郡。东汉孝顺帝永和五年（公元140年），南阳郡"户五十二万八千五百五十一，口二百四十三万九千六百一十八"为全国第一大郡。对两汉时期南阳郡巨量人口的社会活动，司马迁是这样概括的："颍川、南阳，夏人之居也。夏人政尚忠朴，犹有先王之遗风。颍川敦愿。秦末世，迁不轨之民于南阳。南阳西通武关、郧关，东南受汉、江、淮。宛亦都会也。俗杂好事，业多贾。其任侠，交通颍川，故至今谓之'夏人'"。"俗杂好事，业多贾"，就是说汉代的南阳民俗复杂多样，以商贾为业的很多，络绎不绝的行商坐贾，其商业活动除服务国内经济外，最主要的应该是在丝绸之路上。南阳所产铁、漆、丝等畅销西方各国，南阳是汉代丝绸之路上最重要的商贸集散地之一。张骞通西域后，封地博望侯国在南阳。南阳汉画像石上，"胡人"形象众多。所以，我们有理由相信，汉代时阿瑞斯神完全有可能沿丝绸之路传入南阳。

《折木相羊》中，两个巨人形象的艺术渊源，应该是希腊神话中的战神阿瑞斯。阿瑞斯到了楚国故地，入乡随俗，做起了折若木、相神羊这些楚国神话中的事，不过倒也挺合适，正符合阿瑞斯原本就代表力量、正义的神性。

阿瑞斯头像

综上所述，我们有这样的认识：在汉代南阳，积淀深厚的楚汉文化和因丝绸之路畅通而东传的丝路文化，交汇融合，《离骚》的意境和当时流行的战神（武士）格式化造型，共同影响，成就了汉画《折木相羊》。反过来，我们也可以有这样的认识：用阿瑞斯的形象来折若木，来相神羊，只有在汉代，只有在南阳，只有在汉代的南阳，才成为可能。阿瑞斯高大威猛，力拔山兮气盖世，神羊俯首温恭，若木根固枝柔，祥云虬曲灵动，整个画面动静结合，刚柔相济，相得益彰，给人以无穷的艺术享受和思想启迪，真可谓"无字之离骚，汉画之绝唱"。对《折木相羊》的释读，也使我们认识到，像我们这样文化深厚的古老民族，在自己传统文化的基础上是要大量吸收外来文化的。我国汉唐以来，从上到下，主动开放，不断吸收外来文化。我们的政治、经济、文化生活各方面，都是接受了外来文化的。别人有价值的东西，经过消融，便大大更新丰富了自己。吸收的大量外来文化，都会中国化的。

屈原精神，早已成为中华民族最优秀的文化遗产，屈原型的人物代不乏人。汉画《折木相羊》的汉代主人，也就是原创者，可能有着和屈原相似的人生经历，锐意改革进取，忠而被逐，是一位"汉代屈原"，他把《折木相羊》镌刻在地下世界最醒目的门楣石上，期盼屈原精神永放光芒。可欣慰的是，地不爱宝，《折木相羊》终又重见天日，是弥足珍贵的新发现。

第二节　丝路撷英

楚汉千百年间，南阳多元文明荟萃，士农工商俱兴。西域人和南越人被南阳统称为胡人，他们在南阳经商生活、繁衍生息，为农业盆地的农耕文明融进了商贸文明和畜牧文明，南阳楚风汉韵又添胡俗，他们把西域、南越的文化元素融入南阳文化，而今遗物尚在，余温犹存。面对胡人的遗物遗迹，我们来感受外域文化与南阳文化碰撞交融的强大魅力。

一、佛佑金环

原石长 150 厘米，宽 34 厘米。左为双环相套，中有妇人骑鹿、射箭，右为奔跑之虎。

西汉时期，佛教由南越传入南阳。这一南阳汉画的画面上，雕刻的是佛经故事。《旧杂譬喻经》记载："昔有妇人，常曰：我无所亡。其子取母指环，掷去水中已，往问母金环所在？母言：我无所亡。母后日请目连阿那律大迦叶饭，时当得鱼，遣人于市买鱼归治，于腹中得金环。母谓子：我无所亡。子大欢喜，往至佛所，问：我母何因有此不亡之福？佛言：昔有一仙人居北，阴寒至冬天，人人悉度山南，时有老独母，贫穷不能行，独止为众尽藏器物；春人悉来还，母以物一一付还其主，众皆欢喜。佛言：时独母者，是汝母，前世护众人物故，得是无所亡福耳。"

双环相套，意为失而复得之金指环；无角、短尾之母鹿，为佛之常用形象，妇人骑鹿意为已得佛法，射虎之势即施法之举；飞速奔跑之虎，意为业障，在佛法面前，不得不驯服。

南阳汉画　佛佑金环

二、富贵吉祥

绵羊，也称胡羊，为西域引进物种之一。"富贵吉祥"石羊，质地为南阳蒲山青石，刻于汉代。吉祥，古代也作"吉羊"，"羊"古"祥"字，在"祥"字未产生前，"羊"就是"祥"。汉代的铜洗、铜镜等器物上的刻辞里"吉祥"常作"吉羊"。如"大吉羊""吉羊昌"诸洗，又如"左龙右虎辟不羊，朱雀玄武顺阴阳""长宜子孙大吉羊""上有古守辟非羊，服之寿考宜侯王"等铜镜。

信立祥先生在《汉代画像石综合研究》中对"祥瑞"的解释是"天上世

界给人间降生各种表示祥瑞的神奇动物和植物"，而羊，就直接是神奇的"吉祥"，胡人把他们的元素带入南阳的吉祥文化。

　　下图这尊"大吉羊"，以俯卧曲跪（谐音富贵）姿势成型，故取名"富贵吉祥"。

南阳石刻　富贵吉祥

南阳汉画中也有很多"羊"的形象，如下三图。

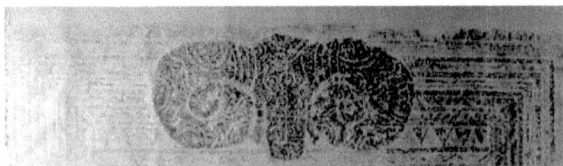

南阳汉画　大吉羊

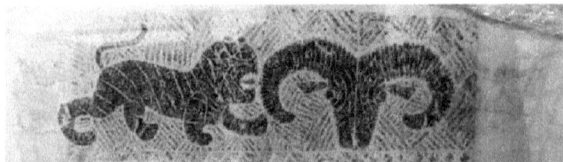

南阳汉画　遇难成祥

南阳汉画 大吉羊

三、事如意

据《汉书·西域传赞》记载：在汉武帝时，"钜象、狮子、猛犬、大雀之群，食于外囿。殊方异物，四面而至"。

过去欧洲南部、西亚、印度和非洲都有狮子。冰川期间一个亚种还在中欧和北美洲生存过，但冰川期后它们就消失了。按当时学者的报道，到古希腊时期在巴尔干半岛还有狮子生存。

《后汉书·章帝纪》记载，章和元年（公元87年），月支人将活狮子输入我国，南阳人更加推崇，视为辟邪神兽。狮子的形象被刻入汉画，取"事如意"之寓意。

南阳汉画 事如意

南阳汉画局部　狮子

南阳汉画　人中狮子

四、驼铃叮当

《吉祥相伴》这块南阳汉代画像石，长 110 厘米，宽 38 厘米，为南阳蒲山青石所刻。右侧刻一头大象，左侧刻一胡人骑一骆驼，紧随大象之后。大象由西域入境南阳，同时伴随着佛教中的文殊菩萨坐骑被更多人认识，人们认为聪明灵性的大象，善解人意，勤劳能干，并且在中国传统文化里与"祥"字谐音，故被赋予了吉祥的寓意——太平有象。南阳汉画中有不少大象的形象。

骆驼，头较小，颈粗长，弯曲如鹅颈。躯体高大，体毛褐色，极能忍饥耐渴。骆驼可以在没有水的条件下生存 2 周，没有食物的条件下可生存一个月之久。驼峰里贮存着脂肪，可在得不到食物时，分解成身体所需的养份，供骆驼生存需要，足有厚皮，用来适应沙漠行走。生活在

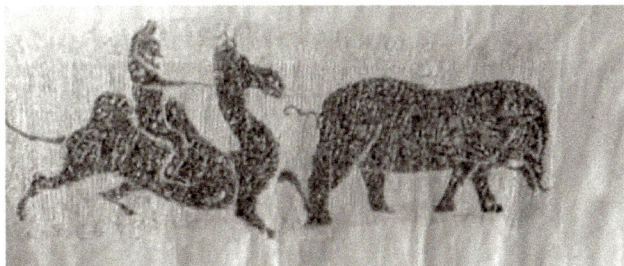

南阳汉画 吉祥相伴

沙漠边缘的人类早在公元前 3000 年已经开始驯养骆驼，作为役畜，以供驮运、骑乘、拉车、犁地等。许多国家有倚赖骆驼为生的骆驼牧民，骆驼是沙漠里的唯一交通工具。

骆驼的耳朵里有毛，能阻挡风沙进入；骆驼有双重眼睑和浓密的长睫毛，可防止风沙进入眼睛；骆驼的鼻子还能自由关闭。这些"装备"使骆驼一点也不怕风沙。沙地软软的，人脚踩上去很容易陷入，而骆驼的脚掌扁平，脚下有又厚又软的肉垫子，这样的脚掌使骆驼在沙地上行走自如，不会陷入沙中。骆驼熟悉沙漠里的气候，有大风快袭来时，它就会跪下，旅行的人可以预先做好准备。骆驼走得很慢，但可以驮很多东西。它是沙漠里重要的交通工具，人们把它看作渡过沙漠之海的航船，有"沙漠之舟"的美誉。

骆驼到南阳后，很受人们喜爱。它吃苦耐劳、宽厚负重的精神，是人们的心目中吉祥与力量的象征。南阳人当时还建有骆驼场，以饲养驯化。

《吉祥相伴》这幅画表明胡人骑骆驼追随大象一起从西(左)而来，比喻长途跋涉，一路吉祥。

汉代以后，西域各国、各民族前来中原王朝的次数剧增。路途上主要是用骆驼来运送物资，因此胡人牵引的满载货物的骆驼成为那个时代具有特色的文物形象。胡人与骆驼的大量出现，反映了丝路贸易、对外

南阳汉画　胡人驯驼

开拓的精神成为当时社会普遍的追求。

东西方之间的中亚地理环境恶劣、气候变化莫测，当时只有骆驼才能穿越那些令人生畏的沙漠戈壁。汉唐文物中骆驼被特别加以表现，塑像、绘画等艺术作品大量出现，应该反映的是人们的钦佩、崇敬之情，和对丝绸之路勇敢的开拓精神的歌颂。而且骆驼与商胡常常是一种固定的组合。商胡几乎都是深目高鼻，满脸浓密的络腮胡，或秃头顶，或卷发，身穿翻领长袍，足蹬高靴，戴各种胡帽。

汉代关于骆驼的艺术形象较少，而且显得有些稚拙，骆驼蹄子与马蹄无异，形象塑造与真实的骆驼存在差距，人们似乎对骆驼并不十分了解。北朝时期关于骆驼的艺术形象多以驮载物品为特征，点明了骆驼的运输用途。唐代胡人牵引载货骆驼是天经地义的造型选择，把它和对外交往、交通贸易紧密地联系在一起。

除了时代变化，还有一个有趣的现象，中国西北出产骆驼的地区，骆驼的形象塑造并不精致，反而越靠东方不出产骆驼的地区，骆驼形象塑造越多，制作更为生动，显然是在向往、猎奇后的创作，是把骆驼作为一种符号，象征当时"丝绸之路"的兴盛。有些塑像抓住了骆驼习性中精彩的瞬间，充满动感，极为传神，刻意表现骆驼与自然抗争、勤劳顽强的特点，勾画出"无数铃声遥过碛，应驮白练到安西"
美妙图景。

南阳汉画局部　大象

南阳汉画　太平有象

五、大力士

这对南阳出土的汉代墓门，每扇门各长 93 厘米，宽 53 厘米。画面
记载了希腊神话中大力士的故事。图中人物赫拉克勒斯（又名大力士），
是希腊天神宙斯的儿子，他在襁褓时被冥王陷害遗落凡间，但仍然保有
与生俱来的神力。后来冥王又放毒蛇咬他，他反而把毒蛇吃掉，结果神
力大增。图中人物即婴幼儿时期的赫拉克勒斯。他长大后历经千难万
险、斩妖除魔，证明自己是英雄，才得以重返神界。他总结认为真正的
英雄不在于蛮力，而在于内心的强大。南阳汉画中有许多胡人特点突出
的大力士，如下图。

南阳汉画　大力士

南阳汉画　大力士

南阳汉画　大力士

南阳汉画　大力士

六、适者神助

这块南阳汉画像石，长 169 厘米，宽 41 厘米。画面中间持长杆者为羌人，左右为戈人，一防守状，一逃跑状。

南阳汉画　适者神助

羌戈大战现今仍流传于羌族经文中，是关于羌民始祖部族战争史的神话。传说戈人身材高大，眼睛大而发绿光，腕骨和足骨都是圆体，体上生毛，有尾。戈人最早用牛耕地，善于治水，生活富足。羌人和戈人共同为天神放牛，因名利之争，羌人一心想除掉戈人。

一天，羌人跟戈人说，我们把神牛杀了吃吧。他们以酸菜煮牛肉，羌人专捡酸菜吃，戈人吃牛肉、牛筋。天神下来视察的时候，见少了牛，便询问。羌人说，我牙缝里都是酸菜。天神看了，又查看戈人的牙缝里夹的都是牛筋。因此天神对戈人有了不满。天神又问他们如何敬神，羌人说，吃饭时我先敬神，再喂猪狗，剩下的自己吃。戈人说，我自己先吃饱，再喂猪狗，都不闹腾了再敬神。天神因此决定帮羌人消灭戈人。后来当羌人与戈人打起来的时候，天神教戈人以馍馍来打羌人，但教羌人用石头打戈人。他又教戈人以麻杆打羌人，教羌人以长刺棒打戈人。因此戈人节节败退，终于被羌人消灭。

南阳很早就有原始人繁衍，是族群融合迁徙较激烈的地区之一，东汉时仍有羌人在南阳活动，羌族文化至今亦有大量遗存。汉人将远古祖先故事雕刻在不朽之石上，是一种对永生的期望，对天神的祈祷。

七、共享盛世

原石长 185 厘米，宽 40 厘米。这是一块石头的双面图画。图的下面部分是正在表演的歌舞杂技，图的上面部分是观众。

图的下面，左边是汉人盘坐吹埙，右边是胡人席地弹琴；中间二汉人击建鼓，左侧一人摇小鼓；右边一小丑逗趣，一人单臂倒立。吹弹和鸣，歌舞曼妙。

南阳汉画　共享盛世

图的上面，左侧六人为佩戴尖顶帽子的胡人，三男三女；右侧八人为汉人，三男五女。女的有发髻且肩窄。中间部分，双方在交流；两端各两对男女在分别相顾私语。

胡汉两家同台演出，同场观看，同享盛世。

秦汉时期，我国以汉族为主体的统一的多民族封建国家初步形成。中央加强了对边疆地区的有效管辖，加速了对边疆地区的开发。西汉汉元帝时期，昭君出塞使胡汉关系紧密，促进了各族人民友好交往，民族间经济文化交流更加充分，民族融合有了新的发展。

自东汉时期开始，北部和西部的游牧民族匈奴、鲜卑、羯、氐、羌等陆续内迁，居住于今甘肃、陕西、山西以至河南、河北、辽宁长城以南的广大地区。中原的农耕文化和西域的草原文化，有了更深的交融。

八、东西合璧

我们都认为是西汉武帝时期派遣张骞出使西域，从此开通了中原王朝与西方交流的官方通道。其实，这个时间应该更早些。《穆天子传》记载中，周穆王赠送给西王母的物品为"锦组百纯，□组三百纯"。锦组应为带有花纹的丝织品，纯则为丝织布帛的单位，一段为一纯（音读为"屯"）。就是说，穆王赠送给西王母大量的丝织品。这应当是文献中有关丝织品赠送最早的记载。在中亚、西亚地区的很多这一时期的贵族墓葬中，常常可以看到古代中国的精美丝绸，它们显然是通过丝绸之路被运抵各地的。而南阳不少来自西亚的物品多数是通过与中国的丝绸交换、贸易来到中国的。汉代丝路的繁盛，当然是汉王朝多方位努力的结果。文化方面，汉王朝把西王母崇拜推向了顶峰，以此渲染东西文化的珠联璧合。南阳汉画中，有很多西王母画像，以展示汉王朝"对外开放"的博大胸怀。

南阳汉画　西王母借凤

《西王母借凤》系汉代画像石，原石长 175 厘米，宽 38 厘米。质地为南阳蒲山青石。画面右侧为凤凰，左侧为獬豸，二者都是黄帝的附属物象。特别是凤凰，为上天赐给黄帝得天下的标配。《艺术类聚》卷 90 所转引老子的话："我闻南方有鸟，其名为凤，所居积石千里。天为生食，其树名琼枝，高百仞，以璆琳琅玕为食；天又为生离珠，一人三头，递卧递起，以伺琅玕。"画面左侧的三头人，即离珠，是黄帝的属下；离珠前面是持玉珪的西王母，西王母前面是肩扛捣药棒的玉兔；玉兔前面是身乘彩凤、头戴皇冠的黄帝；黄帝面前跪着的是西王母侍女飞琼。画面规整、对称，动静结合。

这幅画记述了西王母向黄帝借凤凰这一传说。黄帝此前送给西王母琅玕果，西王母种在昆仑山脚下，长成了服常树，又开始结琅玕果了。树太高，采摘果子只有凤凰能够胜任，于是西王母就带着玉兔、飞琼一起找黄帝借凤凰。黄帝慷慨相助，此后西王母身边就有了标志性附属——凤凰。

南阳汉画　东王公和西王母

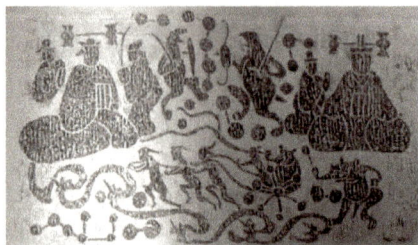

南阳汉画　西王母东王公同看表演

九、纳骨器

纳骨器，南阳人俗称骨壶，是粟特火祆教徒特有的安放骨灰的用具。楚汉时期的南阳人统称外域人为胡人，在南阳经商的胡人中，有一支中亚的粟特人，属于伊朗文化系统。他们分散生活在粟特地区的大小绿洲中，形成一些独立的王国。粟特人信奉火祆教，认为人死后灵魂要离开肉体，便将尸骨以火焚烧，然后将骨灰装入纳骨器。

纳骨器多数为陶质，少数为石膏制成。形状大致可分为长方形、船形和圆筒形，器物上面为另行制作的盖子。一般长 50～70 厘米不等；高宽或直径 20～35 厘米左右不等。

两汉时期，大量的粟特人在南阳居住经商，而且死后也埋葬在南阳。他们继承自己的葬俗，在南阳留下了不少纳骨器，有红陶、灰陶，有带釉的、不带釉，有粗糙的、精致的不等。纳骨器在南阳之演变过程，也历经千年之久。

南阳出土　灰陶纳骨器

南阳出土　红陶纳骨器

南阳出土　灰陶纳骨器

南阳出土　灰陶纳骨器

南阳出土 灰陶纳骨器

十、走马西来

胡人善骑，他们沿丝绸之路不仅带来汗血宝马，也带来了马术、马车，改进了南阳骑马、用马的装备。马镫就是当时传入南阳的。他们把游牧文明带到南阳，为南阳的农耕文明增添了活力。

南阳汉画 走马西来

南阳汉画 胡人出游

南阳汉画　胡人马术

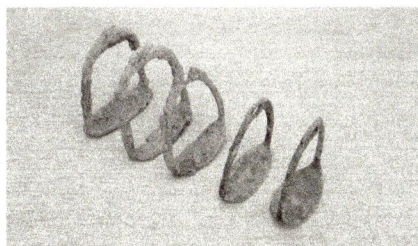

南阳出土　汉代马镫

十一、多元荟萃

西域人长期在南阳生活，给南阳留下了许多遗物。

胡佣是胡人以自己形象为模型制作的陶俑，以供胡人死后陪葬。

南阳理工学院出土汉墓中的玻璃杯，显然是通过丝绸之路传来的外来品。玻璃最早是在西亚地区发明的。还有很多藏獒形象的陶狗，陶马，陶麒麟；南阳汉画中的狮子、骆驼、大象、胡人形象等，都携带着西域文明。

南阳出土 汉代陶狗(藏獒)

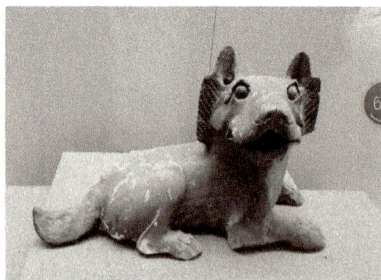

南阳出土 汉代陶狗(藏獒)

南阳出土 汉代胡俑

南阳出土 汉代胡俑

南阳出土 汉代麒麟

南阳汉画 西域歌舞

南阳汉画 胡人射猎

南阳汉画 胡人歌舞

第三节 玉 路 精 粹

大约 8000 年前，居住在今天南阳城北黄山遗址上的先民，开始在南阳独山开采玉石，制作玉铲、玉钺，进而对成色好的石头进行抛光、打磨、钻孔，制成耳环和项链，这在当时也许已是一种时尚潮流。当时的人们还相信，这种美丽的石头有着神秘的力量，可以照亮人们死后的路途。

南阳独山玉又称南阳玉，是中国四大名玉之一。独山玉因其色泽鲜艳，质地细腻，透明度及光泽好，硬度高等特点而声名远播。先民们用南阳独山玉磨制器物已有悠久的历史。

在中国人的心目中，玉是高贵、纯洁的象征，代表着人的高尚品格。玉的光润温暖常被用来形容君子的温良品德。早在孔子生活年代，文人就以佩玉来证明自己是一位理应受到信任和尊重的君子，佩玉在身，以规范自己的言行不要越规出格，不遇凶丧之事不能将佩玉解下来。从原始社会末期到清代，某些玉器一直是政治等级制度的重要标志器物。春秋战国就有"六瑞"的使用规定，6种不同地位的官员使用6种不同的玉器，天子用尺寸最大的玉器。

在中国民间有"人养玉，玉养人"的说法，玉石自古即已入药，它对于疗疾和保健具有极好的作用。现代科学分析，许多玉石含有丰富的、对人体有益的微量元素，如果经常佩戴使用玉石饰品，能使这些有益的元素通过皮肤的浸润，进入人体，从而平衡阴阳气血的协调，促进身体健康。

在中国的语言中，与玉相关的字句大多包含了美好的愿望，赞美美丽、道德高尚的女性会说其"美人如玉""冰清玉洁"等。亲友间送玉器挂件是件非常有意义的事，能把祝福体现在挂件内涵中，老人大寿晚辈会送福寿双全等玉器，送情侣或夫妻则选择连心锁等。

中国历史上最有名也最具传奇色彩的一块玉就是"和氏璧"，每次易主都伴随着血腥的厮杀。

2000多年前，有一个叫卞和的人从南阳独山觅得璞玉，两次献给国王，都被视为欺诳而先后被砍去两脚。后来新国王即位，卞和抱璞痛哭在山脚下。他说："我并不是被砍断双脚而悲伤，是因为明明是宝玉，硬说是废石，我明明是老实人，却被认为是骗子，我是因屈辱感到难受啊！"国王被感动，使人雕琢其璞，果得宝玉，这就是中国历史上最有名也最具传奇色彩的一块独山玉"和氏璧"。

过了三百多年，"和氏璧"落入赵惠文王手中。秦始皇的曾祖父秦昭王闻讯，表示愿意用15座城来交换它。当蔺相如将璧送到秦宫，秦昭王却食言践约，他机智地夺回璧，设法带归赵国。弱小的赵国终没有保住和氏璧，它还是为秦朝所获。秦始皇灭赵后，将它刻成玉玺，希望借助这块宝玉的神力护佑他的王朝千秋万世。这就是中国历史上第一枚象征至高无上的皇权的玉玺。

自此之后，各代帝王都看重这枚传国玺，认为只有得到此玺，才是真命天子。但是，这种稀世珍宝却突然消失，至今仍无踪影。以玉为玺的制度保留了下来，一直沿袭到中国最后一个王朝。

南阳出土战汉独玉　玉璧

　　南阳市位于河南省西南部，处于南（阳）襄（阳）盆地的主要位置，其地理环境富于天惠，宜于人居，从远古时代起，人类的祖先就生生不息地繁衍在这块土地上，他们用勤劳智慧的双手，为中华民族文化的发展做出了不可磨灭的贡献。

　　历年来，通过文物考古工作者的不懈努力，在南阳地区发现了四五十万年前的"南召人"化石及小空山旧石器时代遗址，发现了100余处新石器时代遗址，发现了数以千计的古墓葬。通过文物调查，考古发掘，先民们创造出的杰作在历史岁月的尘封中突现出来，被呈献于世人面前。那充满浓郁生活气息、形状古朴的陶器，那巧夺天工、匠心独具的精美青铜器，那流光溢彩、透着天地精气的古代玉器，常常令人心驰神往。

　　出产优质玉的独山，位于南阳市东北约5公里，属伏牛山绵延低山，因孤然兀立而得名。其岩体裸露面积约2.3平方公里，海拔367.9米。玉脉产于山体中部，形成矿区东坡与西坡两个玉脉密集带。玉石多分布于辉长岩体浅层，一般在标高203米以上，最深可延至446米，呈鱼群状产出，沿倾向呈阶梯状、叠瓦状，平面上是雁行状，其特点为具等间距分布。

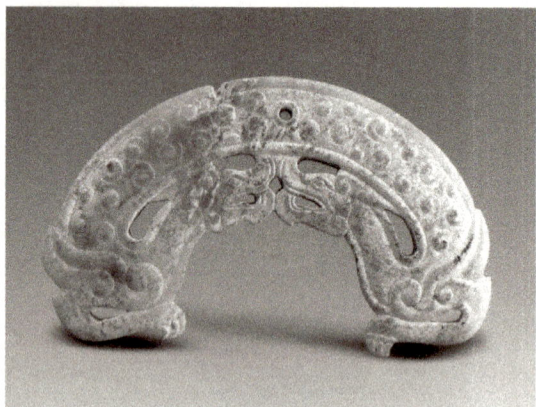

南阳出土　战汉独玉　龙凤佩

独山玉具有油脂、玻璃光泽。摩氏硬度范围为 $5.4\sim6.4$，比重为 $2.73\sim3.18\mathrm{g/cm^3}$。透明度可分为微透明、半透明、透明。通过对不同样品的硬度测定，独山玉的硬度远大于其他玉材。

依照传统方法按颜色划分，可将独山玉分为八大类，白独玉、绿独玉、黄独玉、青独玉、红独玉、紫独玉、墨独玉以及多色玉的统称——杂独玉。

独山玉中产量最大的是杂独玉。多种不同的色常混杂在一起，呈现绚丽多彩的面貌，这是独山玉的一大特色，为能工巧匠提供了广泛的想象空间和使用素材。

关于南阳独山玉的最早记载见于汉代张衡所著的《南都赋》，盛赞南阳丰富的物产为"其宝利珍怪，则金彩玉璞，随珠夜光"。璞，含玉的石头，也指没有琢磨的玉。张衡出生地西鄂县治距产玉的独山10公里，他所指的玉璞应是南阳独山玉。明李时珍《本草纲目》引南朝梁陶弘景文云："好玉出蓝田及南阳徐界亭部界中。"

先民们用优质独山玉、石制作的器物，经沧桑时变，多已湮没，但随着现代考古学的兴起发展，南阳独山玉逐渐显露于世，并已为玉学专家、考古学者所珍视，其著作中多有述记。

　　1952 年，著名学者李济若著《殷墟有刃石器图说》一文，选录殷墟出土的 444 件有刃玉石器，其中 7 件玉器，经阮维周教授鉴定，认为是南阳玉。著名玉器专家，原故宫博物院副院长杨伯达对南阳独山玉非常关注，20 世纪 80 年代后期迄今，曾多次到南阳当地和博物馆进行专题考察，寻求独山玉文物的踪迹。他首先认定南阳黄山遗址出土的一件玉铲，为独山玉磨制，又在他主编的《中国美术全集·工艺美术编·玉器》一书中，对二里头三期出土的玉戈，审值鉴别，确认其为南阳玉。1979 年，罗山蟒张商代晚期的 22 座墓葬共出玉器 75 件，原报告称其中 1 件为翡翠制品，15 件为硬玉制品。"考察到早在距今 3000 多年前，无论是我国云南所产，还是缅甸出产的翡翠，或硬玉制品，可能是产于距此不远、早已开采、质量上乘的南阳独山玉。"

南阳出土　仰韶文化早期　独玉扁平斧

　　目前，独山玉文物出土有多少，我们还很难做出令人置信的估计。其中原因，一是多数发掘单位在报告中仅注意出土玉器的形制、纹饰，从而作为一种依据，推断文化遗迹的年代，而忽略了玉材产地的研究。1977 年发表的考古简报说，根据初步鉴定，妇好墓 40 多件玉器标本有白玉、青玉、墨玉及绿晶四种，其中多数与现今辽宁的地岫岩玉接近，少数与河南南阳玉接近，极个别与新疆和田玉相似。但1980年出版的正式报告说，经对300余件玉器的鉴定，其中有青玉、白玉、青白玉、墨玉、黄玉、糖玉等，以青玉居多数，白玉、青白玉甚少，黄玉，墨玉、糖玉则更少。这批玉料基本上皆属新疆玉。另有3件器嘴形饰质地近似岫岩玉，1件玉戈为独山玉。即使对妇好墓所作鉴定的结果前后有出入，但是，其间有独山玉的结论，也证明了独山玉开采使用之早、传播之广。

东西方经济文化交流上有一条举世闻名的"丝绸之路"。"丝绸之路"的前身就是"玉石之路"。丝绸之路的形成和发展只有2600多年的历史，而"玉石之路"却有着6000多年的历史。

和田美玉之所以珍贵，很重要的一个原因就是开采难。古人曾经说过：取玉之险，越三江五湖至昆仑山，千人去而百人返。的确，在平均海拔4500米的雪线之上，高寒缺氧，每到找玉的夏秋时节，也是山洪暴发和泥石流多发的危险季节，这时的昼夜温差在摄氏50度左右。为了找到一块玉石，采玉人不仅要付出艰辛的劳动，还时刻面临生命的危险。而即使采到玉石，要运到目的地还要花费很大的精力。

南阳出土　战汉和田玉　玉玦

采玉人、卖玉人的脚下没有路。在漫长的历史长河中，是他们用自己的生命和智慧，踩出了这条"玉石之路"。这一条玉石之路堪称我国和世界上最早的一条沟通中西政治、文化和商贸的运输线，并伴随着丝绸之路日渐辉煌。

南阳出土　战汉和田玉　玉龙

南阳出土　战汉和田玉　玉鹰

南阳出土　战汉和田玉　玉牌饰

南阳出土　西汉和田玉　玉人

南阳出土有大量古和田玉，它们都是走玉石之路而来；西域也出土有大量的南阳独玉，它们是沿玉石之路而去。南阳的史前文明，应该是从独玉开始的。南阳出土的和田玉，足以见证南阳当年丝路文化的繁盛。

第四节 汉 韵 胡 俗

南阳，古称申、宛，是亚欧"丝路"沿线城市群中最古老的城市之一。2000多年前，张骞受命出使西域"凿空"横贯东西、连接亚欧丝绸之路，被汉武帝封为博望侯；霍去病击败匈奴，勇冠三军，被封为冠军侯；为汉王朝外交、国防做出卓越贡献的南阳宛人、冶铁专家孔仅被擢升为大司农。东汉时，帝乡南阳与帝都洛阳并列为全国最大的商贸城市、旅游城市，并留下了一大批古城遗址、古冶铁遗址、古墓葬以及与"丝路"相关的汉代画像石、砖，因此，南阳成为"丝路"沿线城市群中仅次于长安、洛阳的最重要的"节点"城市。

夏朝初，禹把今南阳境内邓州作为都城。约在公元前21世纪，建立了第一个奴隶制王国——夏朝。据考古和文献资料，夏朝的中心地区在今豫西嵩山附近的颍河上游伊洛河流域和黄河北岸的古济水流域，晋西南也是其重要统治区。

春秋时楚设宛邑，楚国属地，称为宛，是全国冶铁中心、屈原扣马谏王地、秦楚丹阳之战发生地。秦设南阳郡治宛城，西汉时为全国六大都会之一，东汉时期为光武帝刘秀的发迹之地，故有"南都""帝乡"之称。由郭沫若主编的《中国史稿》指出，东汉时期的"洛阳和南阳是当时最大的商业城市"。

一、南阳的桑蚕文化与贸易

在夏商时期，人们开始将野蚕驯养为家蚕。商代的甲骨文中，对蚕桑已有记载。当时中国大地上，南北各地的原始居民已经建立了桑蚕业，用从蚕茧中抽出的丝织做衣服。商朝、周朝时，现南阳境内有申、邓、谢等诸侯国。从商周时代开始，政府中已经有管理织造的官员。

元朔六年(公元前123年)，武帝令张骞以校尉(略次于将军)职从大将军卫青出征匈奴。由于张熟悉地形，了解沙漠地区的水草地，使得汉军饮水"不乏"。大军凯旋后，张被封为博望侯。《辞海》"博望"条："古县名，西汉置。"治在今河南省方城县西南，汉武帝封张骞为博望侯。张骞有如此之功，被封侯于此，那么，此地必为一方富庶之地。而博望所处的方城，据考为古缯国地，《说文解字》："缯，帛也。"缯是古代丝织品的总称。张骞受封于博望，除博广瞻望外，与方城为古丝绸织品的故乡有一定关系。在汉代，没有丝绸这个名词，在张骞凿空西域开启"丝绸之路"时，西域各国和中原王朝客商所贩运的是缯及"缯絮"。在南阳民间至今仍保留着养蚕缲丝的传统，仍流传着张骞收购丝绸时贾潭遇险的故事，这些说明：南阳就是过去的古丝绸王国，缯絮是备受西域各国喜爱的丝绸，是丝绸之路贸易的代表性商品，是缯絮成就了古丝绸之路。南阳丝绸正是通过"夏路""缯关"，源源不断地运往洛阳、西安，沿楚长城、伏牛山、秦岭、昆仑山一线走向西域。

南阳植桑养蚕，缲丝织绸，自古至今没有间断，保留着丝绸之路上的传统项目。

二、西域胡人遗留的苜蓿草和胡柳

在宛东境内田间地头、驿路两侧，经常能够看到一种多年野生植物苜蓿草。据史料记载，苜蓿为张骞通西域后由西方引进，疑似为西域胡人在南阳居住遗留。另外还有一种柳树，当地称为胡柳，在甘肃称为河柳，在新疆称为苏盖提。经中国科学院植物研究所有关专家鉴定：胡柳为馒头柳，是旱柳的一个变种，是新疆常见的柳树品种，河南地区没有自然分布。两者沿河道两侧分布的特征相同，应为西域文化在南阳的留存。

南阳卧龙岗　现存胡柳

三、民俗中的胡乐器文化

在南阳宛东南有一个古镇金汤寨，为新石器时代遗址，相传商代时就是一个军事要塞，"固若金汤"典故即来源于此。金汤寨内居民能歌善舞，尤以舞狮、旱船、腰鼓、秧歌等杂技项目最为擅长。狮子原产于非洲和西亚，是张骞出使西域后才作为贡品传入中国的，这说明金汤寨的"狮舞"传统与西域文化的输入联系紧密。大调曲又称"南阳曲"，广泛流行于张骞封地博望及其后人张衡居住的石桥一带，三弦、八角鼓是大调曲的主要伴奏乐器。八角鼓与维吾尔族的手鼓——打甫非常像，同时，大调曲的演出形式与新疆维吾尔族的"麦西热甫"相同，是南阳一带最具西域特征的曲艺节目。

四、香山佛沟摩崖石刻是胡地佛教文化

《宋志》中记载："香山在州东南一百二十里，上有香山寺、摩崖造像，大者二尺余，小者尺余，背有千手千眼菩萨，盖仿龙门石窟而为之，然多剥蚀，无题记。"在南阳东北约80公里小史店的香山山腰，原建有香山寺，现遗存有几尊摩崖石刻耸立于此，1986年被公布为省级文物保护单位。佛沟摩崖造像分别镌刻在南北两块天然巨石之上，两石相距20厘米。两石共计雕像32龛138身。主要内容为一佛二弟子或一佛二菩萨，文殊骑青狮，普贤乘白象，12罗汉、12臂观音。南石北壁，是此石最精辟之处。上面刻有一尊12臂观音即千手千眼观音又叫大悲观音，头束高髻，面部颇丰颊满，双目微眯，慈祥温雅，普度众生。除此之外在香山半腰处还有零星刻于石上的佛像。造像神态各异，生动自然。书载，香山佛沟摩崖从北朝经唐到宋历经千余年方始完成，从雕刻技法和工艺水平来看，是以河南洛阳龙门石窟为主的佛教石刻艺术的延续，这在周边的湖北、湖南、安徽等省均没有发现。

杨镰等众多文物考古、文史专家多次到南阳方城实地考察，断定佛沟石刻的雕刻时间为汉代，并初步确定是西汉时期往返于丝绸之路的西域商人在印度高僧指导下"供养"的平安佛。依据有四：从佛像形象看，应为佛教传入中原初期由印度高僧指导完成；从侍者所持法器看，其供养人为往返于丝绸之路的西域商人；从西域罗马观音的起源来看，观音

与丝绸相关；摩崖题记的字体为隶书，隶书为汉时的通用字体，说明香山佛沟摩崖石刻年代为汉代。方城县香山上的佛沟摩崖造像明显显现出西域印度佛教风格，佛像则统一雕刻的是戴高帽、高鼻梁、深眼窝等西域风格造型。这与佛教正式传入中原被本土化后的佛教造像截然不同，南阳及周边地区出土的汉画像石有大量的胡人形象，这表明，两汉时期，南阳与西域就已来往频繁。

南阳现存众多佛教寺院，而且传承有序。南阳博望镇西郊现存的白马寺，与洛阳白马寺同建于东汉初期，至今有人顶礼膜拜。

五、西域人和南越人的后裔

南阳境内至今生活着大批西域人和南越人的后裔，他们的先祖沿丝绸之路到南阳，繁衍生息的后代或小聚居或大杂居，融合在南阳各地。他们的姓氏有音译的、有意译的，还有更换姓氏的，也有随居住地而得姓的。如南阳市桐柏县月河镇居民多为西域塞种人之一的大月氏人；南阳市镇平县昌坡村姓昌的居民都是阿拉伯半岛迁移来的伊斯兰教回族人；南阳市镇平县晁陂姓王的、南阳市社旗县半坡村姓李的，几乎都是蒙古族群。

姓氏方面，须，汉碑上有"宛须子郎"，须同徐，来源于汉代匈奴，到南阳之后改为徐姓；直，直通支，汉朝南阳人直不疑，在西域为塞种之一的大月氏人；甘姓，甘父，本为唐邑氏胡奴，随张骞通西域往返，因功封"奉使君"，新野出汉砖铭"使者君"，疑今沙堰为甘父封地；安姓同样源自于汉代西域国家入南阳定居者，为鲜卑、胡人等少数民族的血统，是一个刚开始就象征民族融合的姓氏；樊姓为蕃的音译姓氏；亦有羌族人入南阳后换姓为姜，与南阳姜姓融合；还有全姓、于姓、聂姓等融入汉姓的外来姓氏，在南阳开枝散叶，延续至今。

六、西域文化的流传

历史上的中国统一疆域有过很大的变化，但汉族长期以中原汉地为统治中心，与边疆民族政权之间的关系发生过很多变化，也有许多的经济文化交流，以下从南阳地区出土的汉代画像石说明南阳在丝路的重要性以及与胡人的经济文化交流情况。

（一）胡奴门

1985 年 4 月，方城县文物工作者在杨集乡发现一块"拥彗捐钺胡奴门"汉画像石。这块画像石为墓门柱石，用石灰岩刻制而成，长 126 厘米，宽 43 厘米，厚 8 厘米。画像以阴刻技法表现一胡奴门吏形象，光头蓬发，左颊黥印，深目高鼻，下颚上翘，身着长衣，右手拥彗，左手执钺捐于肩际，侧身凝视，疾步向前。画面右上方刻隶书"胡奴门"三字。

南阳汉画　胡奴门

从该画像题字"胡奴门"可知，其中人物为"胡人"无疑，也印证了

113

胡人深目高鼻、下颚上翘的面部特征。他正诚惶诚恐地为墓主人扫除庭堂之尘，执钺是为了保护主人。

"胡奴门"，当是胡奴门吏。"胡人"，系我国古代对北方边地及西域各民族的称呼。南阳方城地处中原，胡人何以能到这里呢？从汉史可知，胡人进入中原大致有以下原因：将战俘作为奴隶，通过买卖、进献等形式进入中原；开放"关市"，匈奴归汉，西域使者入汉。值得注意的是，胡奴左面颊上所刺的圆形印记，当是治罪的黥刑印记，即墨刑。《汉书·刑法志》："墨者使守门。"

汉代时现被称为"方城"一带的经济比较发达，居住着许多大官僚、大地主和大商人。他们生前恣意享乐，死则崇丧。胡奴门画像石的发现，进一步证实了汉代输入外族人到内地充当门吏的社会现象，同时也表明，汉代流入南阳的胡人为数不少。

(二)胡人驯兽

方城县城关镇汉墓出土的"武士斗虎"画像石，系东墓门上部门楣。画面左右各刻一虎，中间刻一武士，头戴尖顶毡帽，赤裸上身，腰佩长剑，跨步躬腰，一脚踹虎，双手前伸，撕开虎口，可谓是虎口拔牙，勇猛无比。

南阳汉画 武士斗虎

在汉代，京师有"虎圈"，汉武帝常去虎圈观赏取乐。司马相如《子虚赋》说："其下则有白虎玄豹……于是乎乃使专诸之伦，手格此兽。"

在汉代贵族生活中，有一种和古罗马贵族如出一辙的残酷行为，即被统治阶级认为是罪人的，使之逗虎搏熊以取乐。

《华阳国志》载："张骞为武帝开西域五十三（应作五）国……令帝无求不得。"这大概就是西域物种大量输入中原的准确记载了吧。

西域传入中国内地的植物有葡萄、石榴、苜蓿、红蓝花、酒杯藤、胡麻、胡桃、胡豆、胡瓜、胡荽、胡蒜、胡葱等；传入的动物有狮子、大象、骆驼、犀牛、鸵鸟等。上述动植物在汉画像中能见到的有狮子、大象、骆驼、犀牛等。

南阳出土的汉代"胡人驯象"画像石中，刻画有一虎一象，象后刻一象奴，深目阔鼻，下颚上翘，俨然胡人形象。其手执钢钩，跨步驭象。《汉书·西域传》载，武帝时期，"钜象、狮子、猛犬、大雀之群食于外囿。殊方异物，四面而至"。随着"钜象"的引进，钢钩驯象之术也传入中国。王充《论衡》"故十年之牛为牧竖所驱；长仞之象，为越童所钩，无便故也"，可为旁证。

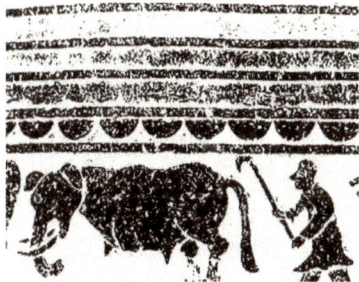

南阳汉画　胡人阄象

南阳汉画　胡人驯象

南阳人乐意驯兽，习俗保留至今。驯犬、驯黄牛、驯养猴子、驯养信鸽等，在全国都有美誉。

被誉为"中原马戏第一村"的南阳市丁湾村连续两年夺得南阳市举办的舞狮大赛冠军之后，被河南省文化厅命名为"民间文化艺术之乡"。

南阳汉画　胡人驯兽表演

一个地处中原的村子，有 15 个马戏团来，马戏从业人员多达 500 多人。这里马戏最鼎盛的时期，全村上至 80 岁老汉，下至 7 岁的顽童，男女老少都会玩马戏。他们从驯马开始，再训练马戏演员。

最惊险的是马背倒立和"白鹤亮翅"。在表演"白鹤亮翅"的时候，演员单腿立于马背，另一只腿向后平伸，双臂展开。这是马戏演员的绝活儿。

最精彩的要数马上打斗。马上飞刀表演动人心弦。骑士在马上掷出带红绸的飞刀直中靶心；然后藏身于马肚子底下作掩护。还有马上引弓射箭的表演，看后让人真的过把瘾。这种表演考验马戏演员的双重技艺，既要脱缰骑马，又要箭射飞盘。那动作，那场面，用一句古诗词可形容："会挽雕弓如满月，西北望，射天狼。"

马戏演员化妆成白眼窝、红鼻头，头戴辣椒帽，身穿灯笼裤的小丑，这是典型的西域人当年在南阳杂耍时的形象。

(三)胡人阉牛

1982 年，在方城县城关发现了一座汉墓。该墓发现有一块"胡人阉牛"画像石。画像刻于墓门左上门楣。画面中部为一牛一虎相斗，虎张口纵身猛扑，牛低头扬角相抵；左刻一猿，攀抓虎尾，张口怒吼；牛身后为一胡人阉者，头戴尖顶毡帽，深目高鼻，络腮胡须，赤裸上身，下着短裤，脚蹬长靴，左手抓牛睾丸，右手操环首刀，做阉割状。《周礼·夏官司马·校人》所说的"颁马攻特"，就是指对马(牛)的"去势术"，以资对马牛的提纯复壮。此画像石正是胡人把西域阉割技术带入中原的翔实物证。

116

南阳汉画　胡人阉牛

南阳民间，阉牛、阉马、阉猪、阉羊、阉鸡等技术，当今仍然存在。

（四）胡人杂耍

南阳出土好多"乐舞百戏"汉画像石，其中的胡人特征充分证实了胡人把杂耍艺术也带入了南阳。南阳王寨出土一块汉画像石，画右设簾，上挂镈钟，两人皆一手扶簾，一手持桯撞钟，第三人为俳优做滑稽表演。中刻一人一手托物，一手在樽上倒立。左刻三人，其中一人右手摇鼗，左手弄十二丸(跳丸)，一人表演口中吐火，一人踞坐。

南阳汉画　胡人杂技

跳丸，也叫弄丸，是一项古老的杂耍项目，胡人把它玩出了最高水平。一手跳十二丸，空前绝后。现在南阳人弄丸，最多不会超过十个。

南阳汉画　胡人杂技

南阳汉画　许阿瞿观看胡人杂技歌舞

　　南阳出土的一块汉画像砖，上有一幅"胡汉战争"的画面，画像上沿饰帷幔，左半部刻百戏图，置一建鼓，二人执桴击鼓，二人摇鼗鼓，吹排箫，一人吹埙，一人击铙，一人挥长袖踏柑起舞，一人扛鼎，一人倒立，一人抃，一人击鞞鼓；画像右半部刻车骑出行图，中有一骖车，车上乘二人，驭手居前，主人居后；骖车前有三导骑，并驾齐驱；车后有三驭骑回身弯弓欲射；画面中刻画的八人均头戴尖帽，帽有护耳，深目阔鼻，显然是胡人形象；再后两排五骑，身着汉服，挥刀持盾做追击状。其中，骖车为实轮，据有关资料显示，汉代实心车轮，只有在西域出现过；还有舞台指挥，居高临下。因此，可以推断，这幅汉画像，正是胡汉战争的真实场面在舞台上的表现，彰显了胡人文艺与战争题材的结合。

南阳汉画 胡汉战争

南阳汉画 胡人讲述神话故事

　　这些南阳汉代画像石(砖)，艺术、形象地再现了汉时胡人无论其职业不同、身份尊卑，但作为进入南阳后的社会成员，对当时胡汉民族的交融及社会发展，都具有重大的贡献。

　　汉代，胡人给南阳带来许多竞技活动，这些竞技内容虽然大多不是现代标准的体育竞技活动，但是，作为以身体运动为目的的不同形式的肢体运动却被发展为体育运动项目，不断推陈出新。

　　胡人在南阳的杂技歌舞、音乐、乐器等民间艺术，一直被吸纳发扬，传承创新，繁荣了南阳文艺、特技。

第四章 "一带一路"的南阳机遇

丝绸之路的国家行为源于西汉,汉武帝刘彻派遣张骞出使西域开辟了连接东西方各国的陆上通道。在全球经济一体化的大背景下,重提丝绸之路不仅是对古丝绸之路的肯定,更是我国顺应时代发展,加强区域战略合作的新思路。

习近平主席在 2013 年 9 月访问哈萨克斯坦时以及 2013 年 10 月 APEC 领导人非正式会议时提出了"丝绸之路经济带"的构思以及"21 世纪海上丝绸之路"的倡议。通常,我们将"丝绸之路经济带"和"21 世纪海上丝绸之路"合称为"一带一路"。

2014 年两会期间,李克强总理在《政府工作报告》中把"抓紧规划建设丝绸之路经济带、21 世纪海上丝绸之路作为工作重点。"一带一路"有利于形成中国全方位对外开放的新格局,建设一个具有很强包容性的新平台。同时"一带一路"倡议是我国主动应对复杂多变的全球形势、创新对外开放政策、促进经济新常态下产业转型升级的重大决策。

南阳作为国家历史文化名城,自古便具有得天独厚的地理条件。经过多方的调查研究,南阳在古时便与"丝绸之路"密不可分。在古代,往来南阳与西域的驼背上,除了有南阳的陶器和铁器,更是承载着南阳的文化和精神。因此,在"一带一路"的倡议下,沿线城市要完成经济有序自由流动、资源合理分配和市场深度交融离不开中原的配合与融入。与此同时,也给河南南阳带来了新的机遇和挑战。

第一节 "一带一路"的战略意义

一、"一带一路"倡议的核心内涵

"一带一路"倡议顺应了时代的要求和亚、欧、非各国快速发展的愿望，是一个内涵丰富、设计方面广、包容性强的巨大发展平台。为了更好地把握"一带一路"倡议的核心和内涵，我们从以下几个对应的平衡关系来进行解释和说明。

"一带一路"的古今传承。丝绸之路始于古代中国，是连接亚洲、非洲和欧洲的古代商业贸易路线。我国从汉、唐、宋时期通过陆路和海上把丝绸、瓷器、茶叶、冶铁、耕作等商品和技术，传播到国外，同时从国外带回国内没有的东西，这种互通有无的经贸联系和文化交流，改善了沿线国家的社会生产力和人民生活水平。今天重新提出"丝绸之路"，不是期望恢复古老丝路往日的辉煌，其现代的含义更加宽泛，丝路成为一个象征性的标志，一个大的国家发展战略。从古到今要延续历史的精神，传承并提升古代文明，促进我国与世界各国在物质和文化等多方面更广泛的交流合作，这是实现中华民族伟大复兴的大战略棋局。

"一带一路"实现内外开放。"一带一路"既涉及国内区域又涉及国外区域，是国内沿线区域与国外沿线国家和地区通过现代运输方式和信息网络连接起来的相互开放战略，对外开放是战略的核心。我国当代对外开放从空间上看很不平衡，沿海地区起步早，开放程度高，而内陆和沿边地区相对较晚，开放程度较低。丝路经济带要有包括内陆地区和沿边地区的国内大部分区域参与，扩大这些地区的对外开放水平，形成全方位的开放经济体系。

"一带一路"统筹海陆交通。"一带一路"既涉及陆上通道又涉及海上通道，陆路通过铁路、公路联通中国到中亚、东南亚、西亚到欧洲，形成若干条陆上大通道、大动脉；海上丝绸之路在古代路线基础上不断拓展新航线，也就是现在21世纪海上丝绸之路，实现陆海连接双向平衡。"一带一路"将打破长期以来陆权和海权分立的格局，推动欧亚大陆与太平洋、印度洋和大西洋完全连接的陆海一体化，形成陆海统筹的经济循环和地缘空间格局。

"一带一路"坚持东西互济。丝路经济带贯穿东西，联通南北，但主线是东西两个方向。从我国来看，过去30多年主要是依托东部地区通过海上贸易的东向开放，丝路经济带则更多是考虑通过连接亚欧的陆路大通道，加大向中部和西部开放的力度。贯穿东西，必经中原。"一带一路"倡议要将我国中西部地区由过去开放的末梢变为开放的前沿，向东开放和向西开放的相对均衡化，也必将促进国内东西部沿线地区经济协调发展。

"一带一路"突出虚实结合。"一带一路"是一个长远的内涵丰富宏大的概念。由于它的边界不是完全确定的，它所涵盖的内容不是固定不变的，因而范围显得有些"虚"。但是，从提出初期的基本构想到现在推进的过程看，这一倡议正由"虚"变得越来越"实"。比如我国与相关国家的大通道建设，陆上和海上基础设施的互联互通、能源和矿产资源合作、贸易往来日益频繁、中国产品和投资"走出去"、油气管道在建、基础设施投融资机制建立，这些都是看得见的成果，"一带一路"倡议正在一步一步地向前推进，已经变成实实在在可以落实的工作和目标。

"一带一路"实现中外共赢。"一带一路"是由我国提出的倡议，显然对我国自身发展有着重要战略意义，不仅有利于我们国家充分利用"两种资源、两个市场"，尤其是保障我国的能源资源安全、化解富余产能和经济转型升级，而且还有利于加强我国与周边国家尤其是新兴市场国家的经济和文化交流，建立长期合作伙伴关系。在这期间，"一带一路"又是一个中国与相关国家能够实现互利共赢的战略，一方面是中国的发展会对丝路沿线国家经济产生巨大的领头效应，如带动这些国家的优势资源开发、满足这些国家对中国工业品和生产技术的需求；同时更重要的是，中国政府充分考虑到周边相对落后国家建设"一带一路"的现实困难，出巨资建立了亚洲基础设施投资银行和丝路基金，并鼓励中国企业向境外投资，这些都会使沿线国家获得实实在在的好处和利益，从而实现共同建设、共同发展、共同繁荣。

二、"一带一路"的重大战略意义

"一带一路"倡议是多层次、多领域深度合作的共同愿望。在推动战略实施的过程中，实现国家之间的合作与对话、建立平等的全球发展伙伴关系、夯实世界经济长期的、稳定的发展基础，这不仅对中国具有重大的战略意义，对于"丝绸之路"上沿线的国家和地区都有着极其重大的发展意义。一方面来说，"一带一路"倡议给我国提供了对外开放、深度多边合作的新契机。"一带一路"将打破长期以来海路和陆路两权分立的格局，实现欧亚大陆与太平洋、印度洋和大西洋完全连接的海陆一体化，逐渐形成海陆统筹的经济循环和地缘空间格局。便利了各国的投资贸易，使经济、政治、文化、科技更加紧密地联系在一起，实现和平合作、开放包容、互学互鉴、互利共赢的新局面。另一方面，"一带一路"是中华民族实现强国梦的重要途径，建设"一带一路"的中心工作有利于发展国家经济，从而进一步提升我国的综合实力和国际影响力。依托沿线地区和国家的优势产业，利用其经济体的发展，通过彼此的开放交流，拓展全方位发展的新空间。

第二节 "一带一路"倡议给南阳带来的发展机遇

"一带一路"倡议是我国经济常态下扩大对外开放、促进产业转型升级的重大举措。也是南阳市发挥自身优势，打通开放新渠道，提升国内外地位的重要机遇。为把握好这一历史机遇，积极响应"一带一路"倡议，南阳市既要突出发展优势产业，又要顺势而为，因地制宜地推动相关产业的发展；既要彼此深入了解，又要根据实际情况采取合适的措施；既要实现经济共赢，又要进行文化交流。要充分体现南阳市的特色，突出发挥南阳市的优势，准确寻找区域发展与"一带一路"倡议的契合点，打好南阳的特色牌。

一、"一带一路"倡议给会展业带来新机遇

会展业是会议业和展览业，节事活动的总称，是一个新兴的服务行业。随着"一带一路"倡议的实施，会展业从它的影响力和关联度迅速发展为新兴的潜力行业之一。会展业聚集巨大的信息资源、商品资源、技术资源和人才资源，是各行各业先进技术、先进理念优势产品的总汇。在吸引外资，扩大对外贸易，促进商务合作等方面发挥着重要的作用。目前，河南省会展业的发展突飞猛进，已成为我国十大会展强省之一。而南阳，作为历史文化名城更应该依托现有资源，结合本市特色使会展业在当地得到规范化、规模化的发展，从而拉动经济的增长。

"古缯国里产丝绸，博望得名博望侯。"缯，在《辞海》当中解释为"丝织物的总称"，缯国则为4000多年前夏王少康次子的封地，而同在其境内的博望区，则是2000多年前两次出使中亚的汉使张骞的封侯地。在南阳的汉画馆中，陈列有大量汉画像石和具有中亚人特征的音乐、杂要陶俑，"丝路巡行图"中汉人与中亚人的载歌载舞，《阄牛图》与《驯象图》等生动的场景无不体现当时南阳在丝绸之路上重要的地理优势。南阳在"一带一路"倡议下，要利用得天独厚的历史及地理位置的优势，积极推进自身会展业的发展。充分利用河南郑州航空港和郑欧国际货运班列等交通、物流优势，将自身的会展业积极参与其中。

根据南阳市发改委、商务局提供的信息显示，近年来，南阳在保持和开发欧美传统市场的同时，更是拓展了中欧、东欧、独联体等新兴市

场，出口业务也有传统的农副产品向机电、医药、高新技术等众多领域拓展。

以"玉雕之乡"闻名的镇平，也是中国南阳玉雕节暨国际玉文化博览会的发源地，南阳的独山玉更是中国四大名玉之一，有南阳翡翠之称。独山是历史文化名城南阳的省级森林公园，国家矿山公园和旅游风景区，出产独玉。独山玉与只有一种矿物元素组成的硬玉、软玉不同，是以硅酸钙铝为主的含有多种矿物元素的"蚀变辉长岩"。南阳独玉的硬度为 6 至 6.5，几乎可与翡翠相媲美，正因如此，国外地质学家将其称为南阳翡翠。南阳玉开采历史久远，早在新石器时代晚期就被采用了。"丝绸之路"出土的文物当中更是有大量的独玉饰品与摆件。南阳玉雕节是典型的民俗文化展会，自 1993 年起每年一届。自 2002 年第 9 届开始升级为省级举办的大型展会，并正式更名为南阳玉雕节。

南阳的市花月季，又被称为花中皇后，南阳的月季文化源远流长、博大精深。2000 年南阳被国家林业局、中国花卉协会命名为"中国月季之乡"。从 2010 年 5 月开始，由中国花卉协会和河南省花卉协会主办中国南阳月季文化节，每年一届。这些年来，它已经成为南阳发展绿色经济的平台和展示城市形象的窗口，更是南阳走向中国的桥梁和世界了解南阳的名片。2016 年 10 月 2 日，世界月季联合会发文中国花卉协会月季分会，同意 2019 年世界月季洲际大会在中国南阳举办。"文化瑰宝润泽南阳，千年玉都尽展芳菲"，在"一带一路"倡议的带领下，中国南阳玉雕节和中国南阳月季文化节成为一个融赏玉观花、旅游观光经贸合作为一体的大型综合性经济文化活动。

由此可见，会展行业的发展壮大，离不开国际化的参与与渗透，会展市场必须加强对外开放，深化国际化运作。南阳市会展行业更是要抓住机遇，根据自身经济发展方向打造区域品牌，利用本土优势，引进先进的会展工作理念和会展技术发展会展业的整体效益。

南阳月季博览会 照片

南阳月季博览园俯瞰图

玉雕节参展作品 独玉摆件

独山玉参展作品：轻舟已过万重山

独山玉参展作品：花季

独山玉参展作品：坐看斜阳江上峰

二、"一带一路"倡议为互联网产业带来的机遇

"互联网+"是互联网发展的新形态，是互联网思维进一步的实践成果，推动经济形态不断地发生演变，从而带动社会经济实体的生命力，为改革、创新、发展提供广阔的网络平台。通俗地说，"互联网+"就是"互联网+各个传统行业"，但这并不是简单的两者相加，而是利用信息通信技术以及互联网平台，让互联网与传统行业进行深度融合，创造新的发展生态。它充分发挥互联网在社会资源配置中的优化和集成作用，将互联网的创新成果深度融入经济、社会各个领域当中，提升社会的创新力和生产力，形成更广泛的以互联网为基础设施和实现工具的经济发展新形态。"互联网+"与"一带一路"倡议更是相辅相成密不可分的好伙伴。中国城市和小城镇改革发展中心委员会秘书长冯奎在 2015 年主持"互联网+智慧城市"论坛时指出，"互联网+"将为"一带一路"倡议的顺利实施创造条件，而"一带一路"倡议也将为"互联网+"的快速发展提供

巨大的空间。"一带一路"沿线国家有 60 多个，人口占全球人口近六成，经济占三成。"一带一路"不仅连接起东亚经济圈甚至连接起了欧洲经济圈，与其他经济体经济圈互联互通，形成泛一带一路的巨大联合体，这都为"互联网+"的发展提供了巨大的空间。所以国际上常说，"赢得中国，就赢得互联网的未来"。

中原地区作为"一带一路"倡议中重要的一环，要及时跟进国家"互联网+"行动计划，加速"宽带中原"的工程进度，加快与省级、国家级互联网骨干直联点的建设，兼顾信息挖掘运用，建立信息网络安全保障机制，用互联网的发展模式推进我省我市战略枢纽支撑点建设。南阳作为河南省重点城市之一，要加快宽带网络建设，增加光缆路由，扩大网络容量和接入网络覆盖范围，推动新一代移动通信技术、下一代广播电视网技术和下一代互联网应用。同时要结合本地经济社会发展实际，积极开展区域试点示范，推进宽带产业集聚发展，提升区域辐射带动力。在产业主体上，要发挥南阳 IT 行业龙头领域的带头作用，积极支持"IT 企业""互联网企业"走出去，进一步让这些企业可以在全国乃至世界的舞台上得到锻炼。同时要利用"互联网+"和"一带一路"倡议中沿线国家和地区"带进来"的信息资源来发展本地的优势产业。

三、"一带一路"倡议为旅游文化带来的机遇

南阳要实施"一带一路"倡议，不仅要注重经济发展，更要重视文化的交流。文化是经济增长的助推器，而文化交流是促进区域经济共同增长的坚实基础。"一带一路"倡议是一种区域经济合作与发展的全新模式，给区域经济一体化提供了崭新的平台。"一带一路"倡议的重要目标就是促进区域经济共同发展，增加沿线地区和国家人民的福祉。文化交流可以加深不同国家和地区合作双方的信任，从而减少双方在合作中所存在的顾虑。并且文化交流不仅能将本国的文化带出国门、将国内沿线地区的文化产业推向国际市场，同时也将其他国家和地区的文化带进国内，进而促进区域经济的交流与合作，推动区域经济的共同发展。

文化交流也是实现文化传播与资源共享的有效途径。一方面，文化传播是文化交流的产物，可以使我国的文化被其他的国家更深刻地理解，提升我国文化在国际上的影响力。中华文化博大精深源远流长，中原更是中华文化的发源地，有着悠久的历史和丰富的资源。中原文化讲究"和"，辞海中解释"和"代表着不同事物所包含的相互关系是令人满意的，知道的人都皆大欢喜的一种状态。因此，中原文化讲究万事以和为贵。"包容"是中原文化另一个重要的特征，和谐共赢，互利共生同样是"一带一路"倡议实施中所要传达的重要原则和理念。开展文化交流活动可以促进中原文化的广泛传播，使其他国家和地区更好更深入地了解中原文化。例如，可以在南阳地区开展古丝绸之路纪念博物展，并通过多渠道宣传南阳在丝绸之路中的地位和作用，这样可以使中亚、西亚来参观的人民了解他们的先祖几千年前在中原地区生活过的痕迹，以及让我们本国的游客更好地理解丝绸之路的深远影响。另一方面，文化交流也是实现各国资源共享的有效途径。"一带一路"沿线的国家和地区，资源、技术、人才方案的发展都各具优势。通过文化交流的方式，可以使本国的资源惠及世界，实现互利互惠共同繁荣。现在越来越多的亚洲同胞，尤其是中亚、西亚和南亚的年轻人都选择中国为他们留学的目的地，他们来到中国学习汉语，学习中国的先进技术。随着我国这些年各方面的迅速发展，中国文凭的含金量也在日益提高。而且随着"一带一路"建设的推进，在中国有学习经历以及一口流利的汉语将在沿线国家拥有更多的优势。同时，我国大部分高校也都设立了小语种专业，例如哈萨克语、俄语、阿拉伯语都成为我国的热门专业。相信在未来几年，掌握中文的海外青年和掌握小语种的中国青年在"一带一路"倡议的推进中会拥有更多的机会和选择。

2018年3月，国务院机构改革方案出台，不再保留原文化部、国家旅游局，组建文化和旅游部。二者的合并旨在"增强和彰显文化自信，统筹文化事业，文化产业开展和旅游资源开发，提高国家文化软实力和中华文化影响力，推动文化事业、文化产业和旅游业融合发展"。

这一举措揭示着文化和旅游大融合发展的全新时代已然到来。中原,狭义上指代的是今天的河南省,本意为"天下至中的原野",是华夏文明和中华文明的发祥地。中原地区是中国建都朝代最多,建都历史最长,古都数量最多的地区。历史上先后有 20 多个朝代、300 多位帝王建都或迁都于中原,中原自古就是我国政治经济文化和交通中心,自古就有"逐鹿中原,方可鼎力天下"的说法。

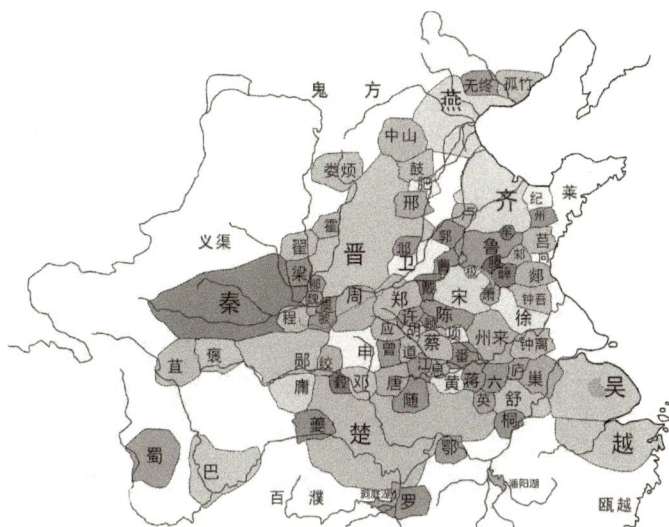

西周时期主要诸侯国分布图

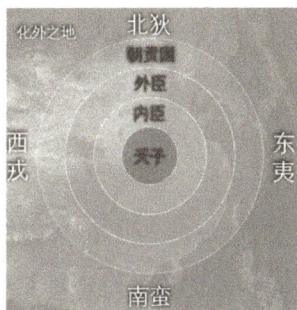

四夷图

南阳作为中原地区国家级历史文化名城，具有非常丰富的旅游文化资源。南阳坐拥两个5A级景区，西峡老界岭是其中之一。老界岭位于河南省南阳市西峡县北部，伏牛山南坡上部地段，东与内乡宝天曼自然保护区接连，东西长23公里，南北宽16.7公里，景区总面积23万亩。整个景区地貌由山组成，主峰北西走向，支脉呈羽状向南延伸。山势陡峭，沟壑纵横，峰峦迭嶂，气势磅礴。主峰鸡角尖，位于太平镇乡东北部，是西峡、栾川、嵩县三县界山，海拔2212.5米，为群峰之最，因山峰高矗，远看似向东引颈高歌之雄鸡。晴日山体呈青紫色，清晰雄伟；阴时云雾缭绕，时隐时现，其景壮观异常。

老界岭景区入山口

南阳市另一个著名的5A级景区则为西峡恐龙遗迹园。西峡恐龙遗迹园位于中国旅游百强县、全国旅游示范县，河南省南阳市西峡县，是南阳伏牛山世界地质公园核心景区，被誉为"世界第九大奇迹"。2009年中国西峡恐龙遗迹园被中国科协评为"全国科普教育基地"。2014年晋级为国家5A级旅游景区，并荣获"河南省文明风景旅游区"。2015年被河南省文化厅评为"河南省特色文化基地"。南阳西峡恐龙遗址，属于白垩纪断陷。由于盆地沉积，已发现的蛋化石归于8科11属15种。恐龙蛋遗址的蛋化石层是西坪——丹水盆地的最高层位，已暴露的蛋化石达1000多枚。在它的下部地层至少还有16个产蛋层，现已确定

老界岭风光

蛋化石分别归于 6 科 9 属 13 种。特别是西峡巨型长形蛋和戈壁棱柱形蛋，世界稀有罕见，是西峡蛋化石的标志。西峡出土的恐龙蛋化石数量之大、种类之多、分布之广、保存之好堪称"世界之最"。大量的鸭嘴龙、禽龙、原角龙、肉食龙等恐龙骨骼的发现，又为西峡蛋化石增加新的内容。西峡出土的恐龙蛋化石数量之大、种类之多、分布之广、保存之好，堪称"世界之最"。西峡恐龙遗迹神秘的面纱随着恐龙骨骼化石的陆续发现被逐步揭开。恐龙遗迹承载着远古时代生命科学的重要信息，期待着人类去破解恐龙灭亡之谜。沧海桑田，乾坤挪移，六千多万年过去了。中国西峡恐龙遗迹园，为研究地球演化、天体演变、灾变事件和恐龙的生活习性、生态环境与物种灭绝等提供了理想的科学研究基地，为科普和旅游开辟了一处崭新的园区。

除此之外，南阳还拥有武侯祠、内乡宝天曼、社旗赊店古镇、方城七十二潭、南召五朵山等多个 4A 级旅游景区。在深圳举行的 2018 年第十四届中国文博会主题活动——文化成就旅游品牌高峰论坛暨优质文旅项目推介会上"2018 中国最美县域"榜单公布，南阳南召县和西峡县

西峡恐龙遗迹园正门

西峡恐龙遗迹园展区

西峡恐龙遗迹园恐龙蛋化石

双双上榜。该次评选活动的核心标准为"丰富的旅游资源"和"很好的生态环境",该活动的目的在于"发掘美、传播美、享受美",成就全域品牌,助推全域旅游的发展。

南召县位于河南省伏牛山生态旅游环线的核心区域,境内山川秀丽,景观荟萃,原生山水和人文景观交相辉映,在国家旅游资源8大类31个亚类155种基本类型中,南召涵盖8各大类23个亚类、54种基本类型,旅游资源单体总数达到586个,其中优良级233个,这些数据显示,无论是数量还是质量均居南阳市首位、河南省前列。

另一个上榜"中国最美县域"的南阳市西峡县地处豫鄂陕三省的交汇带,总面积3454平方公里,是河南省第二区域大县,森林覆盖率保持在76.8%以上,空气负离子含量高达每平方厘米14.7万个,空气清新,气候宜人。近年来,西峡县的旅游业发展秉持"绿水青山就是金山银山"的生态发展理念,按照"政府主导、企业主体、整合提升、全域景区"的思路,打造升级版的旅游产业。截至目前,西峡县建成开放旅游景区17个,其中5A级景区2个、4A级景区4个、3A级景区5个,国家水利风景区、国家森林公园、国家级工业旅游示范区各一个,位居全省前列。

南阳市除了是国家级历史文化名城、全省旅游重点城市之外还肩负着南水北调中线工程源头的历史使命。南水北调中线工程的源头是丹江口水库,渠首在南阳市淅川县丹阳村。南水北调中线工程全长约为1432公里,调水量一期工程完成后年均为95亿立方米,是世界上最宏伟的引水工程之一。正因如此,丹阳渠首被誉为"天下第一渠首"。工程可极大地缓解中国中北方地区的水资源短缺问题,为河南、河北、北京、天津4个省(市)的生活、工业增加供水64亿立方米,供给农业用水30亿立方米。工程将极大改善河南、河北、北京、天津4个省(市)受水区域的生态环境和投资环境,推动中国中、北部地区的经济社会发展。

由此可见,悠久的历史,璀璨的文化以及丰富的旅游资源都是南阳

南水北调中线工程路线图

市与"一带一路"沿线国家和地区开展旅游文化交流的先天优势。"一带一路"倡议为南阳市的旅游业发展提供了许多有利条件和诸多便利,我市可与我国沿线省市以及沿线国家联合起来,整合旅游资源,打造具有"一带一路"特色的国际旅游线路,创新旅游文化产业的产品和服务,利用好中原的区位优势和便利的航空、铁路、高速公路等交通条件,进一步发展国际旅游业,让不同国家和地区的人民能够面对面交流,体验中原文化。旅游合作有助于增进"一带一路"沿线国家和地区的人民之间相互了解和沟通,从而减少和消除舆论导向的偏差,增加彼此的信任。同时,南阳市的旅游文化产业要通过打造本土文化品牌,传播具有中原特色的文化。

南水北调中线工程全景

四、"一带一路"为多个产业之间的合作带来新的机遇

2017 年，南阳市全部工业增加值为 1142.97 亿元，已形成新能源、光电、电力、油碱化工、先进制造、超硬材料、纺织等优势产业。其中大中型企业百余家，天冠酒精集团、金冠电气集团、南阳棉纺集团、新野棉纺集团、河南油田、乐凯胶片厂等企业已进入全国 520 家主要企业行列，在"一带一路"沿线国家地区合作中，南阳当地的产业之间有较强的互补性，高度契合中亚、中东欧之间的市场需求。淅川民营企业收购了欧洲最大的汽车减震器公司 Way Assauto；南阳红棉纺织在乌兹别克斯坦开设纺织服装厂；西峡香菇出口货值超过 5 亿美元，位居河南农产品出口之首；"玉雕之乡"镇平县除了出口独玉之外，挂毯、地毯等产品也在"一带一路"沿线国家和地区持续热销。

除此之外，南阳还是西电东送、西气东输等大型工程的重要枢纽，也是中亚等境外能源资源进入我国中东部地区的必经之地。西气东输的二线、三线均经过南阳市，中亚—霍尔果斯—西安—南阳—南昌等石油管线正在建设，电力线路也通过南阳向东部输送。南阳油田在尼日利亚、印尼、阿曼、沙特、叙利亚及其他十几个国家逐步建立起采办物流一体化网络，先后为尼日利亚、叙利亚等国家的企业提供技术支持，实现境外技术合同服务金额年均为500万美元以上。

第三节 南阳市实施"一带一路"倡议的对策

一、南阳市实施"一带一路"倡议存在的问题

(一)基础设施建设较为落后，投资力度不足

南阳市基础设施建设需求强劲但建设水平参差不齐，投资不足。基础设施在国民经济发展和社会文明建设中扮演着十分重要的角色。南阳市基础设施存在较为明显的空间差异，建设水平参差不齐，城市内部基础设施子系统的发展受到短板的约束，不均衡现象比较突出。例如，南阳新城区的道路及排水系统相对比较先进，而老城区道路拥堵及路面积水问题仍然比较明显。从总体上看，南阳市目前投资模式单一，投资规模不大，投资效果不理想，与省内乃至全国许多城市仍然存在一定的差距。为了更好实施"一带一路"倡议，南阳市应当着手基础设施的提升，保证全市基础设施可以得到协调发展。

(二)管理机制、体制不完善

为了更好参与"一带一路"，南阳市在管理机制和体制上进行创新刻不容缓。从长久来看，南阳市现行的教育、经济、科技等体制不能紧密有效地与城市的经济发展紧密结合，在竞争环境的不断变化中，相关的产业和服务难以适应这种变化。南阳市需要逐渐走上制度驱动和创新驱动的发展道路，为企业营造良好的市场氛围和保障制度，真正让企业融入"一带一路"倡议发展的项目中去。

(三)对外投资环境不理想

在改革开放的四十年间，南阳市对外贸易企业的跨国经营能力得到了大幅度的提升，经营水准也取得了长足的进步。然而，企业"走出去"的内外条件还存在一些不理想的因素。首先，企业"走出去"的系统规划不全面，盲目跟风对外投资往往弊大于利。南阳市很多企业缺乏对"一带一路"沿线国家和地区市场环境、法律政策的了解，风险防范和控制能力相对较弱，处理紧急事件的公关能力不强。同时，南阳市也缺乏世界性的品牌及全球范围的市场与营销网络，在国际竞争中优势不够明显。其次，南阳市政府管理体系以及公共服务建设仍然需要进一步的提升，对外投资合作政策和促进体系、服务保障体系和风险控制体系仍然有待完善。另一个对本地企业"走出去"的挑战则是企业投资的自主权未能得到充分的体现。

(四)涉外知识产权意识淡薄、相关人才匮乏

知识产权是人们就其智力劳动成果所依法享有的专有权利，通常是国家赋予创造者对其智力成果在一定时期内享有的专有权利。在全球经济一体化的大趋势下，知识产权逐渐地成为企业在世界市场上实现自我价值的重中之重。南阳市在融入"一带一路"倡议过程中急需各类知识产权方面的专业人才，尤其缺少能够在对外贸易、国际往来中发挥重要作用的涉外性知识产权人才。对于一些发达国家和地区，他们对于国际知识产权和贸易规则的了解已经比较成熟，南阳市作为沿线城市之一，对于相关知识的了解仍处于起步阶段。如果不能及时了解和熟悉国际知识产权，在国际贸易中很有可能使我们本地企业陷入被动的局面。涉外知识产权的相关人才对于改变被动地位，扭转不利局面有着重大的意义。南阳市要提升综合实力，提升本地企业对外贸易往来发展的能力，当务之急是需要培养和引进涉外知识产权专业人才。

（五）南阳市人力资源的开发欠缺

从经济发展规律来看，人力资源是经济发展的根本源泉，是构成发展潜力和核心竞争力的关键因素。在"一带一路"倡议发展中，实现科学发展、富民强市的目标，基础在人才、关键在人才、根本在人才。南阳市是人口大市，但不是人才资源强市，迫切需要加强人力资源开发，最大限度地激发人的潜能，把人口大市转化为人才强市，把人口压力转化为人才优势。这样才能在日趋激烈的国内外竞争中赢得主动，推动"一带一路"倡议更好实施。

目前看来，南阳市人才资源开发中存在的问题比较突出。首先，人口整体文化素质偏低，低学历人力资源比重过大。南阳市人力资源开发的整体特征是技术庞大、人均资本存量少、人力资源素质低。教育是培养人才、发展人才的重要途径，这些年由于多种原因，南阳市的教育投资稍显落后。河南省区域人口中接受过高等教育的人口数量少、比例低。根据最近一次的人口普查来看南阳市有高中以上文化程度的人口低于全国平均水平。人力资源整体素质偏低、低学历人力资源所占比重过大这些现状均不利于南阳经济区建设对人才的需求。

二、南阳市融入"一带一路"倡议应采取的对策

（一）弥补投资不足，加快基础设施建设

为了解决基础设施建设投资不足的问题，南阳市应该在投资主体、投资环境、投资管理机制等方面采取改革措施。政府应当正视其主体地位，充分发挥主体作用，依据人民生产、生活的实际需求对基础设施做出准确有效的投资决策。而且要用好国家资金支持政策，加强与国家开发银行和大型商业银行的合作，支持基础设施的建设。在基础设施建设方面，要强力推进3条在建高速项目的建设。确保周南、栾西和西十3条高速南阳段顺利实施。南阳是河南省为数不多的未建高铁站的城市，

作为人口大市，高铁的开通将给南阳全面发展注入新的力量。因此，南阳也应该强力推进高铁站快速通道、中心城区外环路东环路两个高铁站配套控制性工作项目建设，确保高铁在 2019 年 6 月之前能在南阳顺利通车。

在农村公路方面，要实施一批旅游路、资源路、产业路和新兴村镇出口等新兴改造。水利方面，南阳应当着力增强水资源、水环境的承载和保障能力，从而确保水资源的高效利用，建立起复合型、多功能的现代化水利网络体系。县区的河道治理、水库的除险加固工程也是水利工作方面的重中之重，这关系到我市农村人口饮水安全的大问题。

在通信设施方面，应当加大全市宽带普及率，提升农村的宽带接入能力，围绕建设"宽带南阳""全光网南阳"和智慧城市的目标，加快推进政务云、基础数据库、数据共享平台等项目建设工程，不断加快通信基础设施建设步伐。

基础设施决定着一个城市发展的脉搏，而基础设施的投资决定着基础设施发展的规模，政府应当充分发挥在城市建设当中的主体地位，利用传统与现代结合的投资模式，优化城市的投资环境，从而合理有效地使用资金，加快城市发展的步伐。

(二)创新管理体制，优化政策环境

南阳市要落实"一带一路"倡议，必须用创新的理念和制度来做好跨区域的协调工作，密切政府之间的合作关系，制定多方合作、互利互惠的合作规划。纵向创新从微观和宏观两方面入手。宏观方面包含政府顶层设计，区域经济规划、产业发展等。微观层面包含企业参与机制、企业内部发展等。横向创新农业、金融、物流、贸易、能源、基础设施等多个领域。创新机制和体制的原则是公平和共赢。政府之间的合作机制和融资模式的创新都能够带动南阳经济的发展。

(三)加快平台建设，促进贸易发展

在于丝绸之路经济带沿线国家和地区的合作之中，平台是合作的重要基础。推动南阳市对外开放平台建设，将极大地促进南阳深度融入"一带一路"倡议中去，也将让更多本土企业更自信地"走出去"。以创建国家民间投资改革创新示范区为契机，深化外商审批制度改革，营造良好的投资便利化、贸易自由化环境，大力引进外商投资。加快南阳新区金融产业集居区建设，争取设立南阳农村金融综合改革试验区，打造特色金融品牌。加快推进南阳卧龙国际玉文化博览中心、国际玉城二期、赊店演艺中心等项目进展，推动镇平玉文化改革发展试验区申报国家级示范园区。加快南阳综合保税区建设力度，加快形成以光电、装备制造为特色的对外开放平台。

(四)挖掘民间资源，展示丝路遗物

南阳民间文物藏家众多，精品无数。却没有成型的组织和展示品台，缺少活力，文物都紧锁深闺。应该借鉴周边城市如洛阳和襄阳的成功经验，扶持民办博物馆的发展，建设民间博物馆集群，发展文博事业，让文物活起来，让独特的、唯一的，独具地域特点的文物散发魅力、重现光彩，以此来见证西域人当年在南阳生活的历史，以此吸引"西域各国人"到南阳访亲寻踪，为南阳带来人流、信息流、资金流。

(五)完善人才机制，培养综合素质人才

人才是社会经济发展和进步的根本。完善南阳人才机制的第一步应当在转变观念，我们要解放思想，与时俱进，树立人才资源开发的新理念。首先要强化人力资源是第一资源的理念，坚持以科学发展观为指导，努力促进人力资源全面、协调、可持续发展。人力和物力是组成生产力的根本，在知识经济时代，人才资源具有决定性的战略意义。其次，树立以高层次人才开发与管理重点的理念。高层次人才的拥有量，

是一个城市、一个地区乃至一个国家人才队伍整体水平和综合实力的标志。

第二步要大力发展教育，着力提高人力资源素质。基础教育是建设人力资源强市的一项基础工程，基础教育的质量决定了一个地区人才资源的发展水平，也决定了一个地区未来的人才素质。当前南阳基础教育面临的一项根本任务就是加大对基础教育的投入，整体提升基础教育的发展水平。重视基础教育的同时也要大力发展职业技术教育和培训，把培养技能型人才作为南阳人力资源提升的重点。职业教育和培训是创造生产力、服务产业建设的重要途径。要把职业技术教育和培训与企业生产需要紧密结合，积极推进校企合作，培养具有当地产业特色的职业技能培训集团，为南阳积极建设提供高素质的技能人才储备。

另外加强高等教育建设，充分发挥高等教育在提升区域人才资源质量和形成高素质人才的主渠道作用，比如开设小语种专业，方便与"一带一路"沿线各国的交流，走出去、请进来，沟通皆顺畅。我们要进一步健全高等教育的培养体制，以不断满足南阳经济发展的需要。根据社会经济发展和中原经济区建设的需要，调整和完善高校专业设置，大力加强教学改革，提高人才培养质量。加强终身教育，构建学习型社会。要结合南阳市情和中原经济区建设的现实状况，积极构建符合南阳实际的多元化、开放性终身教育体系，持续创建具有河南特色的学习型社会。

第三步，引导人力资源合理流动、提高人力资源配置效率。优化人力资源产业结构要根据南阳的实际情况来调整方式、调整结构，适当分流、减少第一产业就业人口；合理调整第二产业就业人口比重；努力提高第三产业就业人口比重，实现"三、二、一"的阶梯状就业结构。完善人力资源流动机制，促进地区间人力资源平衡。打破制度障碍和政策限制，形成生产要素在地区间自由、双向流动，促进人力资源区域、产业、行业机构分布进一步优化，鼓励人才资源向县村流动。

第四步，实施人才战略。加大人才资本投资力度，实施人才优先投资战略。从长远看，人才资本投资对经济增长的拉动作用要远远大于物质资本投资。要逐步调整经济社会发展的要素投入结构，加大人才投入力度，推动人才优先发展。积极拓宽投资渠道，通过财政拨款、单位自筹、社会资助和国际捐助等方式筹集资金，完善以政府投入为引导、用人单位投入为主体、社会各方投入为补充的多元化人才投入机制，保持人才投入和经济发展同步增长。

积极探索建立人才投入的激励机制，激发用人单位人才投入的积极性和能动性。优化人才环境，搭建人才可以充分发挥才能的舞台。另一个留住人才的重要举措就是做好外部人才的回归工作。南阳市具有人才流动大、人才流失率高等现状，政府应当做好外部人才回归的工作部署。通过各种渠道，大力宣传南阳市近期的奋斗目标和外部人才回归的优惠政策，发挥南阳市作为人口大市以及在省外、国外学习或工作的人员基数较大等优势，争取得到更多的省外、海外人才的回归。

特别在当前"一带一路"倡议实施的大背景下，中原经济区作为全国经济战略增长的重点，南阳市更应该抓住机遇，向外部人才递上橄榄枝；同时还应该以搭建高层次和人才交流中心为平台，加强建设在外人才回宛工作的绿色通道，健全人才服务体系，为省外、海外人才回归创建更为便利的途径，为他们减少后顾之忧。

综上所述，不管是从历史还是从现实来看，南阳作为南水北调中线工程的起点、豫陕鄂区域性中心城市、中原经济区核心城市都有着与"一带一路"倡议合作的良好基础。同时，"一带一路"倡议的实施也会为南阳地区带来新的机遇和挑战。南阳应当准确认识自身在国家战略中所处的历史方位，把握发展大势，顺势而为，必将能够续写历史奇迹从而全面融入国家"一带一路"倡议当中去。

结　语

南阳地处中原腹地，是历史上古丝绸之路的重要源头之一，万里茶马古道的重要水陆中转节点，为古丝绸之路的繁荣发展做出过积极贡献。南阳为秦汉之际经济文化要地，又是中原与南楚交融之地，发掘南阳的胡文化，不但可以使我们更多了解古丝绸之路的更多事实，也可以此为契机增强我们对中原文化的自信和自豪，也有助于在新的丝绸之路建设中，发现更多的商机和其他机遇。此书仅为对现有研究的总结和归纳，属抛砖引玉之作，尚需更多专家学者及爱好者投入身心做更深入的研究。

参 考 文 献

1. 司马迁：《史记》，中华书局 1982 年版。

2. 班固：《汉书》，中华书局 1982 年版。

3. 范晔：《后汉书》，中华书局 1965 年版。

4. 袁珂：《山海经校注》，巴蜀书社 1992 年版。

5. 王利器：《风俗通义校注》，中华书局 1981 年版。

6. 陈立：《白虎通疏证》，中华书局 1994 年版。

7. 洪兴祖：《楚辞补注》，中华书局 1983 年版。

8. 刘文典：《淮南鸿烈集解》，中华书局 1989 年版。

9. 黄晖：《论衡校释》，中华书局 1990 年版。

10. 东方朔：《神异经》，文渊阁《四库全书》本。

11. 郭守敬：《水经注疏》，江苏古籍出版社 1989 年版。

12. 苏兴：《春秋繁露义证》，中华书局 1992 年版。

13. 干宝：《搜神记》，中华书局 1979 年版。

14. 王明：《抱朴子内篇校释》，中华书局 1985 年版。

15. 张华：《博物志》，增订汉魏丛书，大通书局石印本。

16. 王嘉：《拾遗记》，汉魏丛书本，吉林大学出版社 1992 年版。

17. 郭德维：《楚史楚文化研究》，湖北人民出版社 2013 年版。

18. 曹新洲、韩玉祥、牛天伟：《南阳汉画之神话传说》，中国档案出版社 2006 年版。

19. 主编王飞鸿：《中国历代名赋大观》，北京燕山出版社 2007

年版。

20. 牛大伟、金爱秀：《汉画神灵图像考述》，河南大学出版社 2009 年版。

21. 林梅村：《丝绸之路考古十五讲》，北京大学出版社 2006 年版。

22.（汉）班固撰，（唐）颜师古注：简体字本前四史《汉书·卷二十八上地理志·第八上》，中华书局 2005 年版。

23. 范晔撰，（唐）李贤等注：简体字本前四史《后汉书·志第二十二郡国四》，中华书局 2005 年版。

24. 司马迁撰，裴因集解，司马贞索隐，张守节正义：简体字本前四史《史记·卷一百二十九·货殖列传第六十九》，2005 年版。

25. 牛天伟、金爱秀：《汉画神灵图像考述》，河南大学出版社 2009 年版。

26. 孙机：《汉代物质文化资料图说》（增订本），上海古籍出版社 2011 年版。

27. 段成式：《酉阳杂俎》，上海世纪出版股份有限公司，上海古籍出版社 2012 年版。

28. 李润英、陈焕良注译：《山海经》，湖南岳麓书社 2012 年版。

29. 靳之林：《抓髻娃娃》，广西师范大学出版社 2001 年版。

30. 郑先兴：《汉代思想史专题论稿》，河南大学出版社 2009 年版。

31. 杨絮飞：《汉画像石造型艺术》，河南大学出版社 2010 年版。

32. 李国新：《汉画像砖造型艺术》，河南大学出版社 2010 年版。

33. 李晓伟：《西王母故地》，军事宜文出版社 2007.

34. 韩玉祥、曹新洲：《南阳汉画像石精粹》，河南美术出版社 2005 年版。

35. 徐永斌：《南阳汉画像石艺术》，河南大学出版社 2007 年版。

36. 靳之林：《生命之树》，广西师范大学出版社 2002 年版。

37. 李晓伟、昆仑山：《探寻西王母古国》，天津社会科学院出版社 2001 年版。

38. 许慎：《说文解字》，北京中国书店 1989 年版。

39. 沈约：《宋书》，北京中华书局 1974 年版。

40. 孙机：《汉代物质文化资料图说》，上海古籍出版社 2008 年版。

41. 崔豹：《古今注》，增订汉魏丛书，大通书局石印本。

42. 陈履生：《神话主神研究》，紫禁城出版社 1987 年版。

43. 吴天明：《中国神话研究》，中央编译出版社 2003 年版。

44. 徐旭生：《中国古史的传说时代》，文物出版社 1985 年版。

45. 王小盾：《原始信仰和中国古神》，上海古籍出版社 1989 年版。

46. 何新：《诸神的起源》，北京三联书店 1986 年版。

47. 陆思贤：《神话考古》，文物出版社 1995 年版。

48. 冯时：《中国天文考古学》，社会科学文献出版社 2001 年版。

49. 张从军：《黄河下游的汉画像石艺术》，齐鲁书社 2004 年版。

50. 康长寿：《乐山崖墓和彭山崖墓》，电子科技大学出版社 1993 年版。

51. 李淞：《论汉代艺术中的西王母图像》，湖南教育出版社 2000 年版。

52. 何新：《龙：神话与真相》，时事出版社 2002 年版。

53. 叶舒宪：《中国神话哲学》，中国社会科学出版社 1992 年版。

54. 金春峰：《汉代思想史》，中国社会科学出版社 1987 年版。

55. 何星亮：《中国自然神与自然崇拜》，上海三联书店 1992 年版。

56. 李立：《汉墓神话研究》，中国古籍出版社 2004 年版。

57. 陈江风：《天文与人文》，国际文化出版社 1988 年版。

58. 宗力、刘群：《中国民间诸神》，河北人民出版社 1986 年版。

59. 信立祥：《汉代画像石综合研究》，文物出版社 2000 年版。

60. 李立：《文化嬗变与汉代自然神话演变》，汕头大学出版社 2000 年版。

61. ［美］张光直：《美术·神话与祭祀》，辽宁教育出版社 1988 年版。

62. 张紫晨：《中国巫术》，上海三联书店 1990 年版。

63. 李发林：《山东汉画像石研究》，齐鲁书社 1982 年版。

64. 萧兵：《楚辞与神话》，江苏古籍出版社 1986 年版。

65. 罗二虎：《汉代画像石馆》，巴蜀书社 2002 年版。

66. 朱存明：《汉画像的象征世界》，人民文学出版社 2005 年版。

67. 茅盾：《中国神话研究初探》，上海古籍出版社 2005 年版。

68. 袁珂：《中国古代神话》，商务印书馆 1950 年版。

69. 吴曾德：《汉代画像石》，文物出版社 1984 年版。

70. 杨树达：《汉代婚丧礼俗考》，上海古籍出版社 2000 年版。

71. 中国画像石全集编辑委员会：《中国画像石全集》，河南美术出版社 2000 年版。

72. 山东省博物馆等：《山东汉画像石选集》，齐鲁书社 1982 年版。

73. 赵成甫等：《南阳汉画像砖》，文物出版社 1990 年版。

74. 高书林：《淮北汉画像石》，天津人民美术出版社 2002 年版。

75. 徐州博物馆：《徐州汉画像石》，江苏美术出版社 1985 年版。

76. 南阳汉画馆编：《南阳汉代画像石墓》，河南美术出版社 1998 年版。

77. 高文、王锦生：《中国巴蜀汉代画像砖大全》，国际港澳出版社 2002 年版。

78. 南阳汉代画像石编辑委员会：《南阳汉代画像石》，文物出版社 1985 年版。

79. 安丘县文化局、安丘县博物馆：《安丘董家庄汉画像石墓》，济南出版社 1992 年版。

80. 李贵龙等：《绥德汉代画像石》，陕西人民美术出版社 2001 年版。

81. 闫根齐等：《商丘汉画像石》，河南美术出版社 1992 年版。

82. 内蒙古自治区博物馆文物工作队：《和林格尔汉墓壁画》，文物出版社 1978 年版。

83. 刘兴怀、闪修山：《南阳汉代墓门画艺术》，上海百家出版社 1989 年版。

84. 常任侠:《常任侠艺术考古论文选集》,文物出版社 1984 年版。

85. 张茉楠:《全面提升"一带一路"倡议发展水平》,《宏观经济管理》2015 年第 2 期。

86. 龚缨晏:《20 世纪中国"海上丝绸之路"研究集萃》,浙江大学出版社 2011 年版。

87. 王丽坤、刘静玉、何耀星:《河南省基础设施建设评价研究》,《河南科学》2015 年第 7 期。

88. 陈国海:《人力资源管理概论》,高等教育出版社 2009 年版。

89. 刘卫东:《"一带一路"战略的科学内涵与科学问题》,《地理科学进展》2015 年第 2 期。

90. 李娟:《浅论河南如何融入"一带一路"战略》,《经济师》2016 年第 2 期。

91. 黄益平:《中国经济外交新战略下的"一带一路"》,《国家经济评论》2015 年第 1 期。

92. 周立:《基于"一带一路"建设的河南发展选择》,《区域经济评论》2015 年第 3 期。

93. 苗维亚:《人才资源向人才资本转变的机理研究》,《中国软科学》2007 年第 9 期。

94. 王伟华:《区域人才资源开发对政策研究》,《人才开发》2007 年第 10 期。

95. 李雪苑:《河南省人力资源开发中存在的问题及对策》,《管理学刊》2010 年第 2 期。

96. 赵立庆:《"一带一路"战略下文化交流的实现路径研究》,《学术论坛》2016 年第 5 期。

97. 曹伟:《丝绸之路文化产业战略规划需讨论的几个问题》,《浙江工商大学学报》2013 年第 3 期。

98. 卢丽刚、魏美玉:《"一带一路"战略的价值导向及其实现路径》,《江西科技示范大学学报》2015 年第 3 期。

99. 白振国：《书香南阳：丝路之源的光芒》，《南阳日报》第八版，2009 年第 6 期。

100. 杨恕、王术森：《丝绸之路经济带：战略构想及其挑战》，《兰州大学学报》2014 年第 2 期。

101. 郭爱君、毛锦凤：《丝绸之路经济带：优势产业空间差异与产业空间布局战略研究》，《兰州大学学报》2014 年第 1 期。